Inhalt

Zurück aus den Ferien

① Ole hat seine Ferien-Schatzkiste mit in die Schule gebracht. Erzähle.

② Schreibe die Andenken auf.
Markiere die Piloten und zeichne Silbenbögen.

Muschelkette

③ Schreibe über deine Ferien.

④ Setze die fehlenden Piloten ein.

> Jede Silbe hat einen Piloten.

> Ich spreche beim Schreiben mit.

| A | a | a | e | eu | ö |
| | a | au | ei | o | u̶ |

S_u_si malt eine M__we.

Lis__ war zu H__se.

__li h__t neue Fr__nde.

M__se und Ole schr__b__n über Dänem__rk.

⑤ Schreibe die Sätze ab.

⑥ Schreibe Wörter mit dem Piloten A a.
   Kreise A a ein.

b(a)den,

Nach dem Unterricht

① Lies den Text mit Silbenbögen.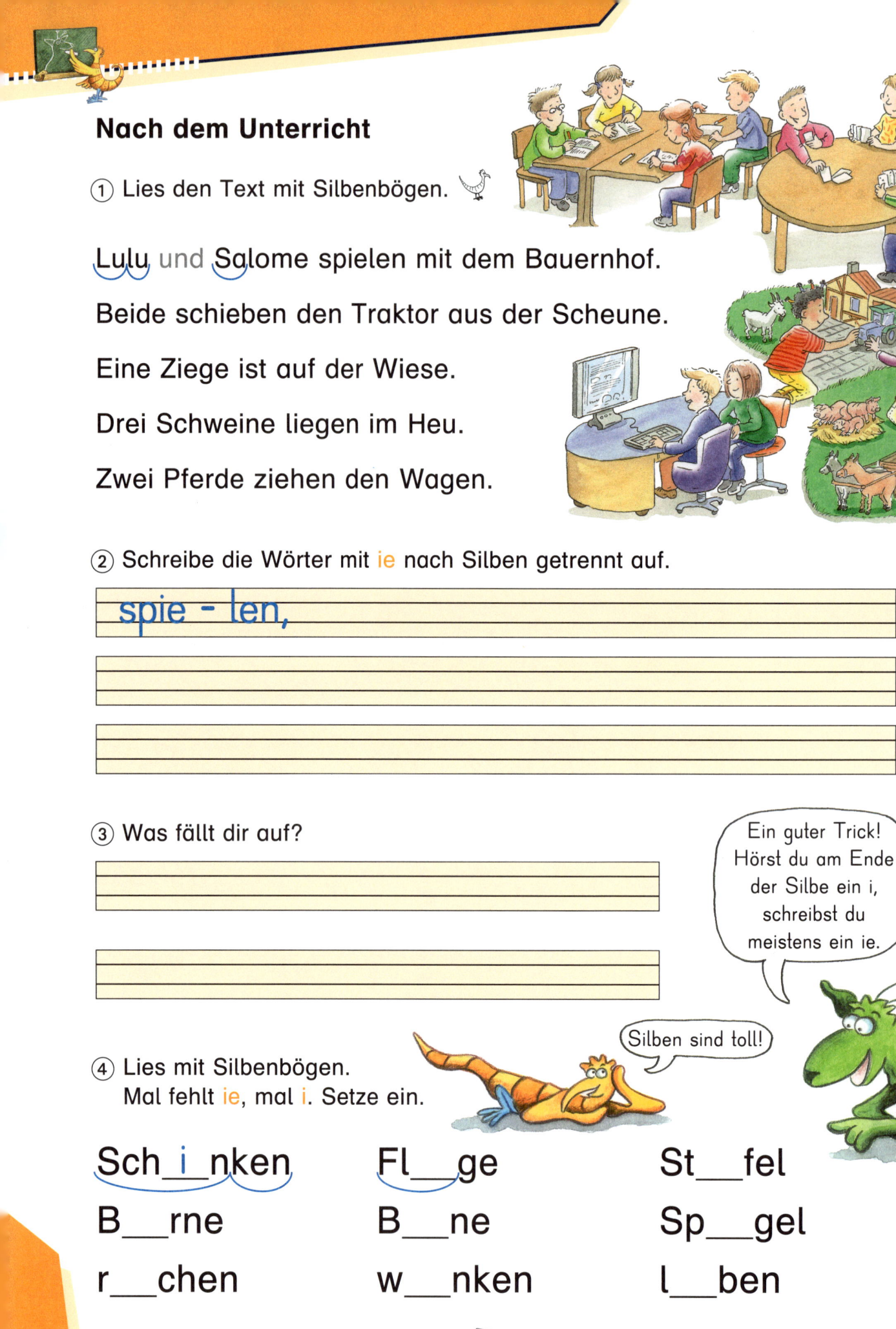

Lulu und Salome spielen mit dem Bauernhof.

Beide schieben den Traktor aus der Scheune.

Eine Ziege ist auf der Wiese.

Drei Schweine liegen im Heu.

Zwei Pferde ziehen den Wagen.

② Schreibe die Wörter mit ie nach Silben getrennt auf.

spie - len,

③ Was fällt dir auf?

Ein guter Trick!
Hörst du am Ende
der Silbe ein i,
schreibst du
meistens ein ie.

Silben sind toll!

④ Lies mit Silbenbögen.
Mal fehlt ie, mal i. Setze ein.

Sch_i_nken   Fl__ge   St__fel

B__rne   B__ne   Sp__gel

r__chen   w__nken   l__ben

⑤ Schreibe Reime mit ie-Wörtern.

Unsere Schultasche

① Was gehört in unsere Schultasche? Erzähle.

② Lies mit Silbenbögen.
Setze die fehlenden Piloten ein.

Füll_e_r   Löff__l   Scher__

Mapp__n   Büch__r   Pins__l

Stift__   Heft__   Kleb__r

③ Markiere den Piloten in der 2. Silbe.
Was fällt dir auf?
In der 2. Silbe steht ein _____ .
Sprich den Laut. Wie klingt er?

Dieses verflixte e!
Immer klingt es
anders.

④ Finde Reime und markiere das verflixte e.

Mappen   Butter   Dose

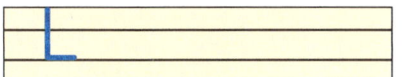   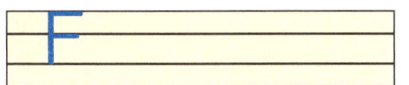   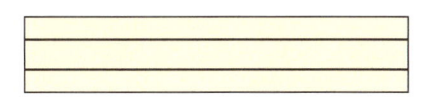

   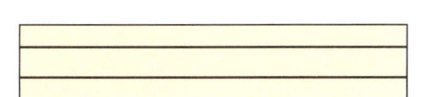   

Regeln in unserer Klasse

① Nach der Pause:
Lest das Gespräch mit verteilten Rollen.

 In der Pause habe ich mit den Mädchen
aus der dritten Klasse gespielt. Wir ...

 Ole war so schnell. Ich habe ihn aber
nach einer ...

 ... sind Seil gesprungen. Dabei haben wir ...

 ... Weile doch geschnappt.
Ich bin eben schneller als er.

Worüber redet ihr eigentlich?

② Warum versteht Mose die Mädchen nicht?

③ Welche Regeln braucht ihr für eure Klasse?
Schreibt sie auf.

④ Besprecht euch mit den anderen Gruppen.
Schreibt die Regeln auf ein Plakat.

In meiner Klasse
darf ich schleichen

Wir hören einander zu.

Wir arbeiten ...

Wir melden ...

Freunde

① Lies den Text.

Anna und Lisa sind beste Freundinnen.
Sie spielen in jeder Pause mit Annas Ball.
Auch heute laufen sie gemeinsam
auf den Schulhof. Da schreit Susi:
„Wer spielt mit *Kaiser, wie viele Schritte*?"
Alle stellen sich auf, nur Anna steht mit ihrem Ball
an der Schulwand. Das erste Spiel gewinnt Lisa.
Fröhlich ruft sie Anna zu: „Spiel doch mit!"
Aber Anna rennt enttäuscht weg.

② Warum rennt Anna enttäuscht weg? Erzähle.

③ Nach der Schule läuft Lisa hinter Anna her.
Wer sagt was? Verbinde.

④ Lies das Gespräch mit einem Partner.

⑤ Findet eine Lösung für den Streit.
Spielt das Gespräch vor.

⑥ Wann warst du enttäuscht und warum? Erzähle.

Das Abc

① Lies den Klassen-Rap.

② Erzähle.

③ Lerne ihn auswendig.

A-B-C
ich tue dir nicht weh.

D-E-F
ich bin hier nicht der Chef.

G-H-I
schlagen will ich nie.

J-K und L
aber helfen kann ich schnell.

M-N-O
das macht uns beide froh.

P-Q und R
doch ist es manchmal schwer,

S-T-U
dann höre ich dir zu.

V und W
wenn ich dich lachen seh,

X-Y-Z
find ich dich einfach nett.

Andrea Warnecke

④ Schreibe das Abc auf.

⑤ Nenne die Buchstaben in der Reihenfolge, in der sie aus der Rutsche kommen.

⑥ Markiere die Piloten.

Diese Piloten bekommen einen neuen Namen.

Sie heißen **Selbstlaute** (Vokale).

Die anderen Buchstaben

im Abc heißen **Mitlaute** (Konsonanten).

⑦ Trage die fehlenden Anfangsbuchstaben ein: Mitlaute grün und Selbstlaute gelb.

 __afel

 __öwe

 __meise

 __aun

 __ose

 __aus

 __ma

 __al

 __irat

 __nte

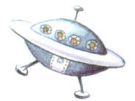 __fo

 __abel

Das Schul-Abc

① Schreibe ein Schul-Abc.

A		N	
B		O	
C	Computer,	P	
D		Q	
E		R	Radiergummi,
F		S	
G		T	
H	Hausmeisterin, Heft,	U	
I		V	
J		W	
K		X	Xylophon,
L		Y	
M		Z	

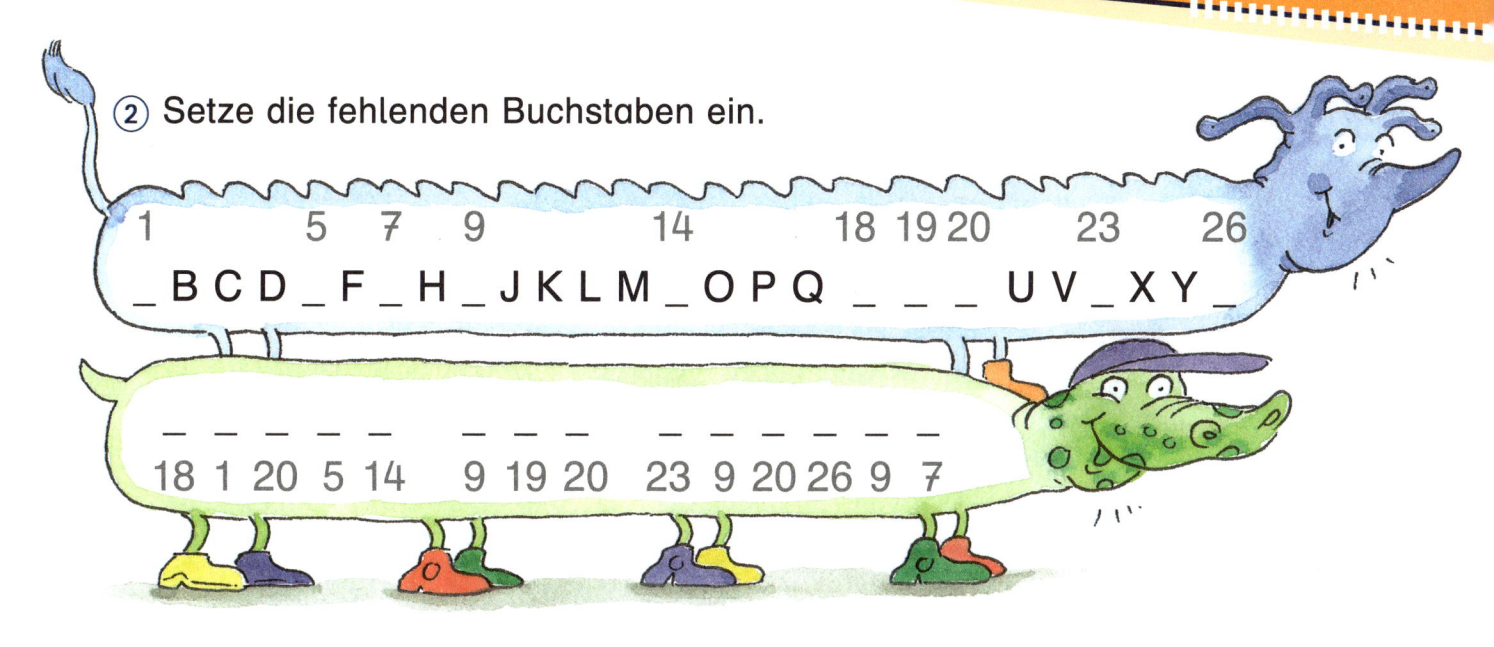

② Setze die fehlenden Buchstaben ein.

| 1 | | 5 | 7 | 9 | | 14 | | 18 | 19 | 20 | | 23 | | 26 |

_ B C D _ F _ H _ J K L M _ O P Q _ _ _ U V _ X Y _

_ _ _ _ _   _ _ _   _ _ _ _ _ _
18 1 20 5 14   9 19 20   23 9 20 26 9 7

③ Schreibe das Abc mit kleinen Buchstaben auf.
Markiere die Selbstlaute.

a, b,

④ Welche Buchstaben fehlen?

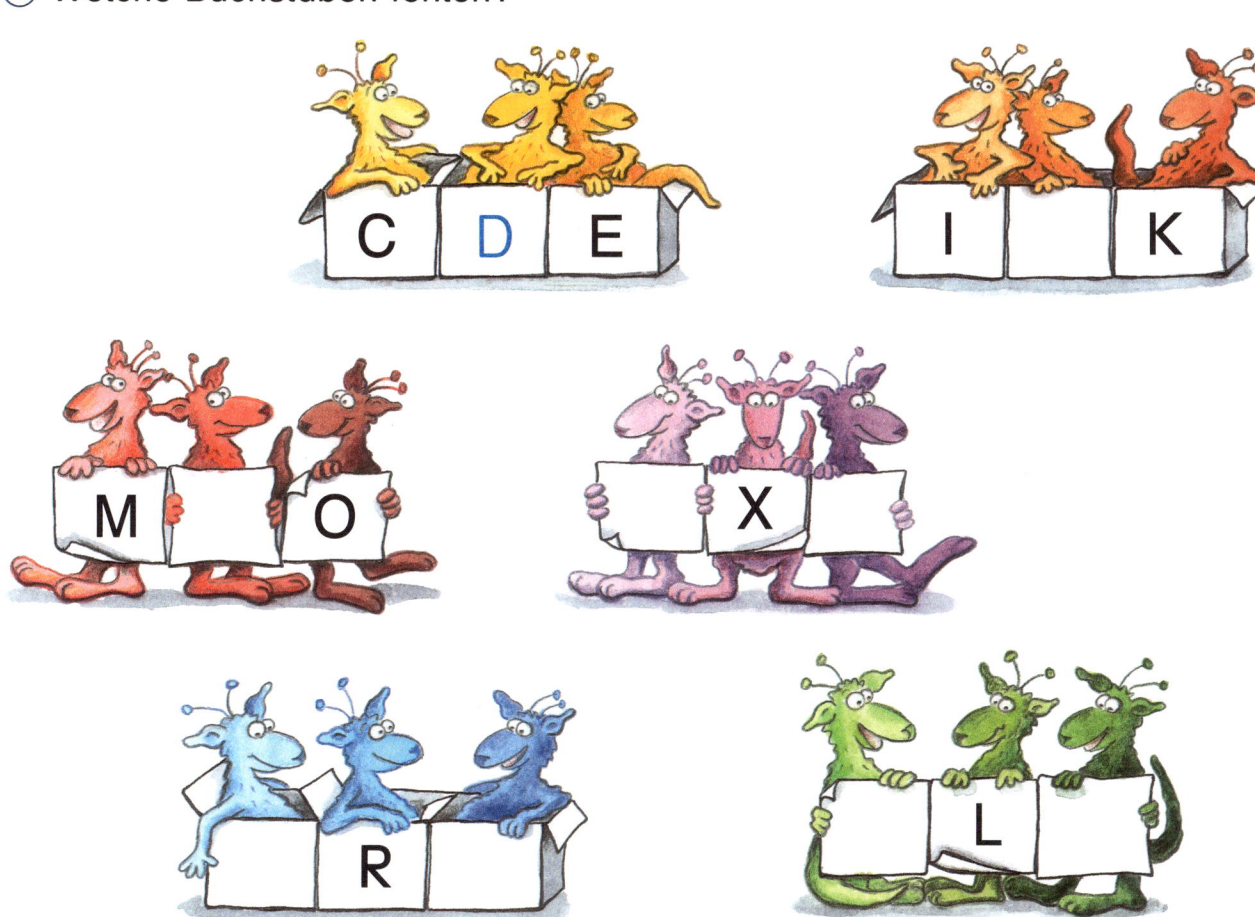

C D E

I K

M O

X

R

L

Oles Schulweg

① Die Schule ist aus. Erzähle.

Modemarkt

Bäcker

Kiosk

Post

Friseur

Spielwaren

② Was sieht Ole auf dem Weg nach Hause?
Ordne nach dem Abc und schreibe auf.

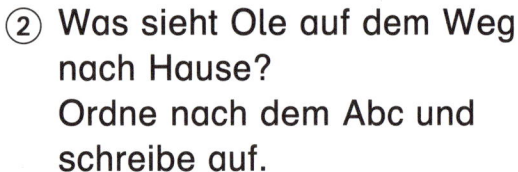

Bäcker

③ Was siehst du auf deinem Schulweg? Schreibe auf Zettel.

④ Ordnet eure Zettel nach dem Abc.

⑤ Schreibe die Wörter geordnet auf.

Bäcker

Kiosk

Unsere Wörterliste

Kari möchte das Wort *Taxi*
in der Wörterliste nachschlagen.

T

die **Tafel**, die Tafeln
die **Tasche**, die Taschen
die **Tasse**, die Tassen
die **Tatze**, die Tatzen
das **Taxi**, die Taxis
der **Teller**, die Teller
der **Text**, die Texte
das **Tier**, die Tiere

① Lies den Text mit den Bildwörtern.

Milo kommt mit dem  zur Schule.

Salome und ihre Freunde gehen zu 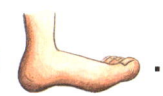 .

An der  müssen sie warten.

Jetzt dürfen sie gehen, doch ein  kommt um die Ecke.

② Schlage die Bildwörter in der Wörterliste nach.
Schreibe sie mit der Seitenzahl auf.

Taxi ___ S.

___ S.

___ S.

___ S.

③ Suche in der Wörterliste weitere Fahrzeuge mit Rädern.
Schreibe sie mit der Seitenzahl auf.

___ S.   ___ S.

___ S.   ___ S.

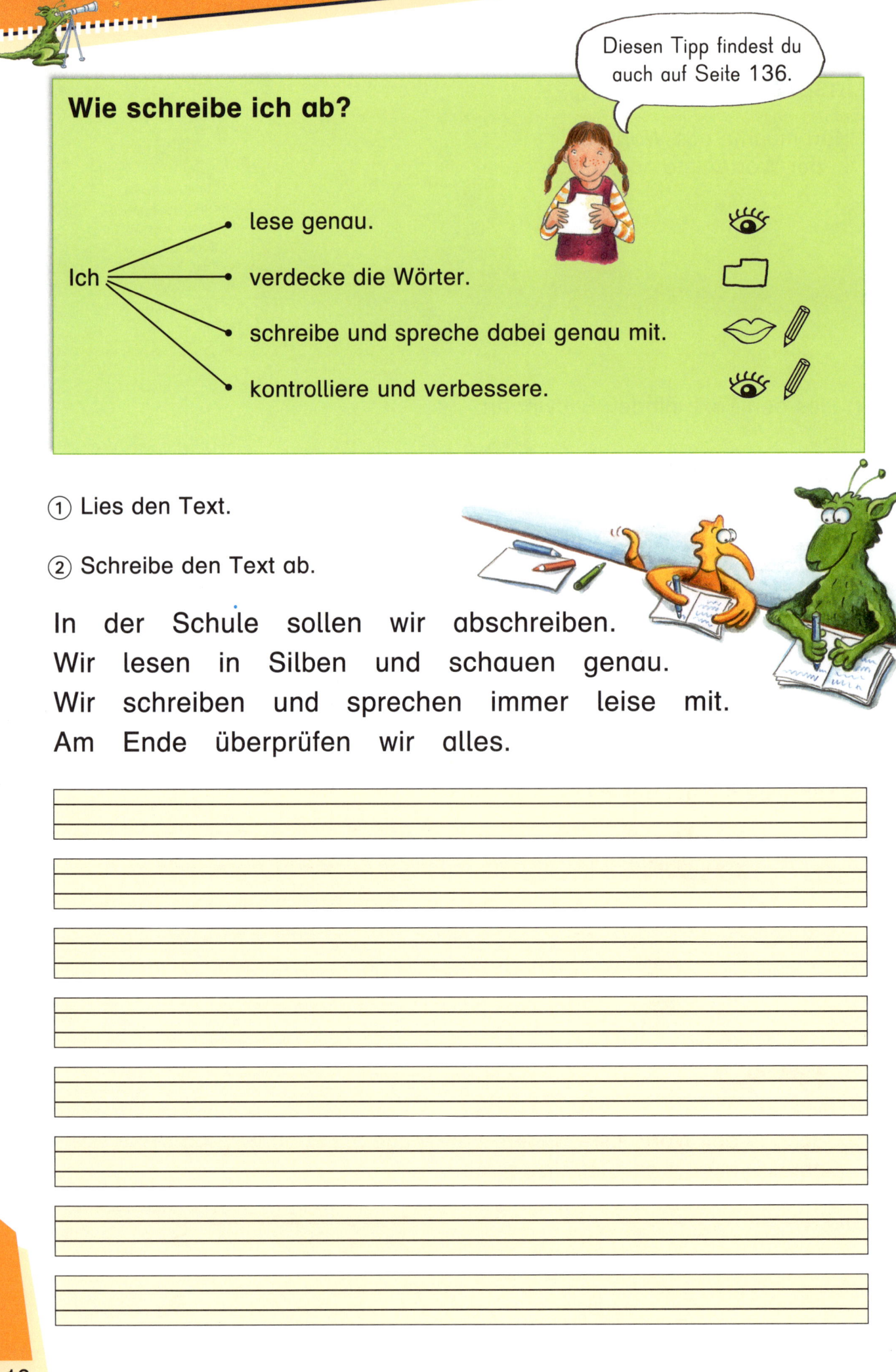

Wie schreibe ich ab?

Diesen Tipp findest du auch auf Seite 136.

Ich
- lese genau.
- verdecke die Wörter.
- schreibe und spreche dabei genau mit.
- kontrolliere und verbessere.

① Lies den Text.

② Schreibe den Text ab.

In der Schule sollen wir abschreiben.
Wir lesen in Silben und schauen genau.
Wir schreiben und sprechen immer leise mit.
Am Ende überprüfen wir alles.

Wiederholungsseite

① Superlange Schlangenwörter: Lies mit Silbenbögen.

Regenpausenklingelzeichen

Kinderschultaschenschnalle

Klassenregelplakatfarbe

② Setze die fehlenden Selbstlaute ein.

 R__g__l    T__f__l

 Sch__k__l   F__nst__r

 Bl__st__ft   W__rf__l

③ In jeder Abc-Röhre fehlt ein Buchstabe.
Schreibe die Buchstaben nacheinander in die Eimer.
Du erhältst ein Lösungswort.

④ Schreibe alle Selbstlaute. Schreibe alle Mitlaute.

⑤ Suche in der Wörterliste bei den Buchstaben F und S
Wörter mit -el und -er am Ende. Schreibe sie auf.

Mein Lieblingsessen

① Erzähle.

② Lies mit Silbenbögen.

Gemüsesuppe	Putenschnitzel	Würstchen
Schokolade	Pommes	Kartoffelbrei
Dönertasche	Tomatensalat	Milchreis

③ Was magst du gern? Schreibe auf.

Karis Lieblingsessen

① Suche in der Wörterliste Wörter für das Rätsel.

Das 2. Wort unter S? **S** A L A T

Das 3. Wort unter K? _ _ _ _ ⭐ _ _ _ _ _

Das 3. Wort unter B? _ _ _ _ _ _ ⭐ _ _

Das 8. Wort unter E? _ ⭐ _ _ _ _

Das 12. Wort unter M? _ _ _ _ _ ⭐ _ _

Die rote Frucht unter E? _ _ _ _ _ _ _ _ _ _ _ ⭐

Das 14. Wort unter G? _ _ _ _ _ _ ⭐ _

Das Getränk unter S? _ _ _ _ _ ⭐ _

Das 7. Wort unter D? _ ⭐ _ _ _

Das Gemüse unter P? _ _ _ _ ⭐ _ _

Das 13. Wort unter T? ⭐ _ _ _ _ _

Das vorletzte Wort unter Z? _ _ _ _ _ _ _ ⭐ _

S ⭐ ⭐ ⭐ ⭐ ⭐ ⭐ ⭐ ⭐ ⭐ ⭐ ⭐ ⭐

② Schreibe alle Lebensmittel unter E, G und S aus der Wörterliste heraus.

E:

G:

S:

Früchtequark

① Betrachte die Bilder und beschreibe.

② Ordne die Textstreifen den Bildern zu.

◯ Ich rühre die Milch in den Quark.

◯ Ich mische den Quark mit den Früchten.

◯ Ich stelle alle Zutaten auf den Tisch.

◯ Ich wasche und schneide die Früchte.

③ Schreibe die Sätze geordnet ab.

④ Schreibe einen Einkaufszettel für den Früchtequark in dein Heft.

Silbensuppe

① Welche Silben gehören zusammen? Verbinde in verschiedenen Farben.

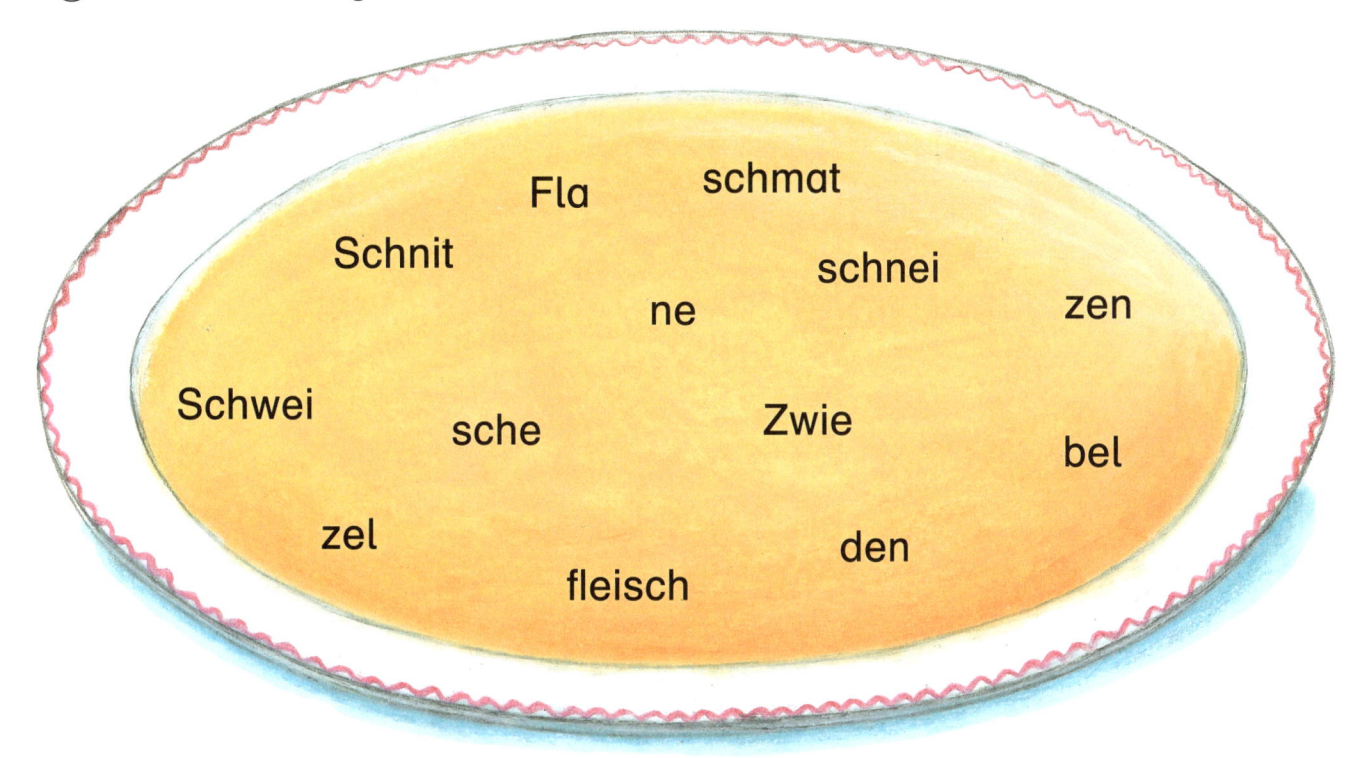

Fla schmat

Schnit schnei zen

ne

Schwei Zwie bel

sche

zel den

fleisch

② Schreibe die Wörter auf.

Schnitzel,

③ Setze Silbenbögen. Entscheide i oder ie.

Tiere

B_rne

schw_tzen

tr_nken

B_ne

s_ben

Zw_bel

spr_ngen

Das Sportfest

① Welche Anfangsbuchstaben fehlen? Trage sie ein.

Tor   _aum   _atze   _eile

_all   _inder   _echer   _ausmeister

② Schreibe die Wörter auf.

Tor,

> Alles, was ich anfassen oder haben kann, schreibe ich groß.

③ Welche Wörter kannst du anfassen oder haben?
Markiere und schreibe sie auf.

LAUFEN   LEHRER   HECKE   LIEST

ROSEN   TURNSCHUHE   FLASCHEN

MUTTER   VOGEL   GESTERN   KATZE

Lehrer,

④ In Nummer 3 hast du viele Wörter großgeschrieben.
Ordne die Wörter und schreibe sie in die richtige Zeile.
Markiere die Großbuchstaben.

Menschen:

Tiere:

Pflanzen:

Dinge:

⑤ Ergänze aus der Wörterliste.

Nomen schreibe ich groß
und Satzanfänge doch auch!

Wörter für *Menschen*, *Tiere*, *Pflanzen*
und Dinge heißen **Nomen**.
Nomen schreibe ich groß.

A a

Auf dem Fußballplatz

Schön, die Sonne scheint.

Schau mal, der Mann mäht die Wiese.

O, das Tor ist neu. War das Netz kaputt?

Wann beginnt das Spiel?

Hat der Pudel die Pfeife geklaut?

Ist der Torwart nicht hier?

① Unterstreiche alle Nomen.

② Markiere die Wörter, die vor den Nomen stehen.
Schreibe die drei verschiedenen Wörter auf.

> Nomen können einen **Artikel** (Begleiter) haben:
> **der** Reifen, **die** Harke und **das** Seil.

③ Ordne die Nomen mit Artikel in die Tabelle ein.

der	die	das
der Torwart		

Wir halten uns fit

① Würfle Quatschsätze. Schreibe sie auf.

⚀ Das Zebra	⚀ turnt.
⚁ Das Eichhörnchen	⚁ hüpft.
⚂ Der Schwan	⚂ klettert.
⚃ Die Schnecke	⚃ schwimmt.
⚄ Die Qualle	⚄ rodelt.
⚅ Die Fledermaus	⚅ klatscht.

② Erzähle von deinem Sport.

③ Schreibe über deinen Sport.

Ich

Dosendiktat

① Betrachte die Bilder und beschreibe.

② Schreibe die Wörter und den Satz auf kleine Zettel.
Schreibe ein Dosendiktat.

③ Hole die Wortstreifen aus der Dose und kontrolliere deinen Text.

Wiederholungsseite

① Finde die Nomen. Schreibe sie mit Artikel auf.

WASSERBANANEGURKESALATTORSEILTASCHEPOKAL

② Suche diese Wörter in der Wörterliste.

Welches Wort steht darunter und darüber? Schreibe es ab.

essen   **Salat**   **Gemüse**

③ Ein Rätsel: Unterstreiche die acht Nomen.

ICH WACHSE AN EINEM BAUM IM GARTEN.

IN MEINEM HAUS STECKEN VIELE BRAUNE KERNE.

MEIN STÄNGEL IST

EIN KLEINER STIEL.

ALLE KINDER ESSEN MICH GERNE.

ICH SCHMECKE AUCH GUT

AUF EINEM KUCHEN.

④ Male die Lösung.

Im Wald

① Beschreibe, was du auf dem Bild siehst.

② Die Klasse 2b erzählt Reihumgeschichten. Erzähle weiter.

   „Eine Klasse macht einen Herbstspaziergang."

„Auf einmal bleiben alle stehen."

„Sie hören einen lauten Schrei."

③ Schreibe deine Geschichte weiter.

④ Lies die Fragen. Kreuze an.

Fällt das Kind hin? ☺ ☹

Rennen die Kinder? ☺ ☹

Sitzt der Vogel im Baum? ☺ ☹

Fliegen die Vögel hoch? ☺ ☹

Frisst die Maus? ☺ ☹

Verkriechen sich die Mäuse? ☺ ☹

Die meisten Nomen gibt es in der **Einzahl** (Singular) und in der **Mehrzahl** (Plural).

⑤ Unterstreiche die Nomen mit Artikel. Was fällt dir auf?

⑥ Schreibe die Nomen in der Einzahl und in der Mehrzahl mit Artikel auf.

Einzahl		Mehrzahl	
	das Kind		die Kinder
	der		

⑦ Wie heißt der Artikel bei Nomen in der Mehrzahl?

⑧ Finde weitere Nomen. Schreibe sie in Einzahl und Mehrzahl auf.

Doppelte Mitlaute

> Diese Zwillingsbuchstaben sind doppelte Mitlaute.

① Zeichne Silbenbögen. Schreibe die Wörter passend in die Tabelle.

	einfacher Mitlaut	doppelter Mitlaut
	Hüte	
		Hütte

> Ich schwinge weiter: Einmal doppelt = immer doppelt.

② Schreibe die Nomen in der Einzahl und der Mehrzahl auf. Schwinge dabei weiter und zeichne Silbenbögen.

	Einzahl	Mehrzahl
	das Quartett	die Quartette
	das Skelett	

So ein Wetter!

① Lies und beschreibe.

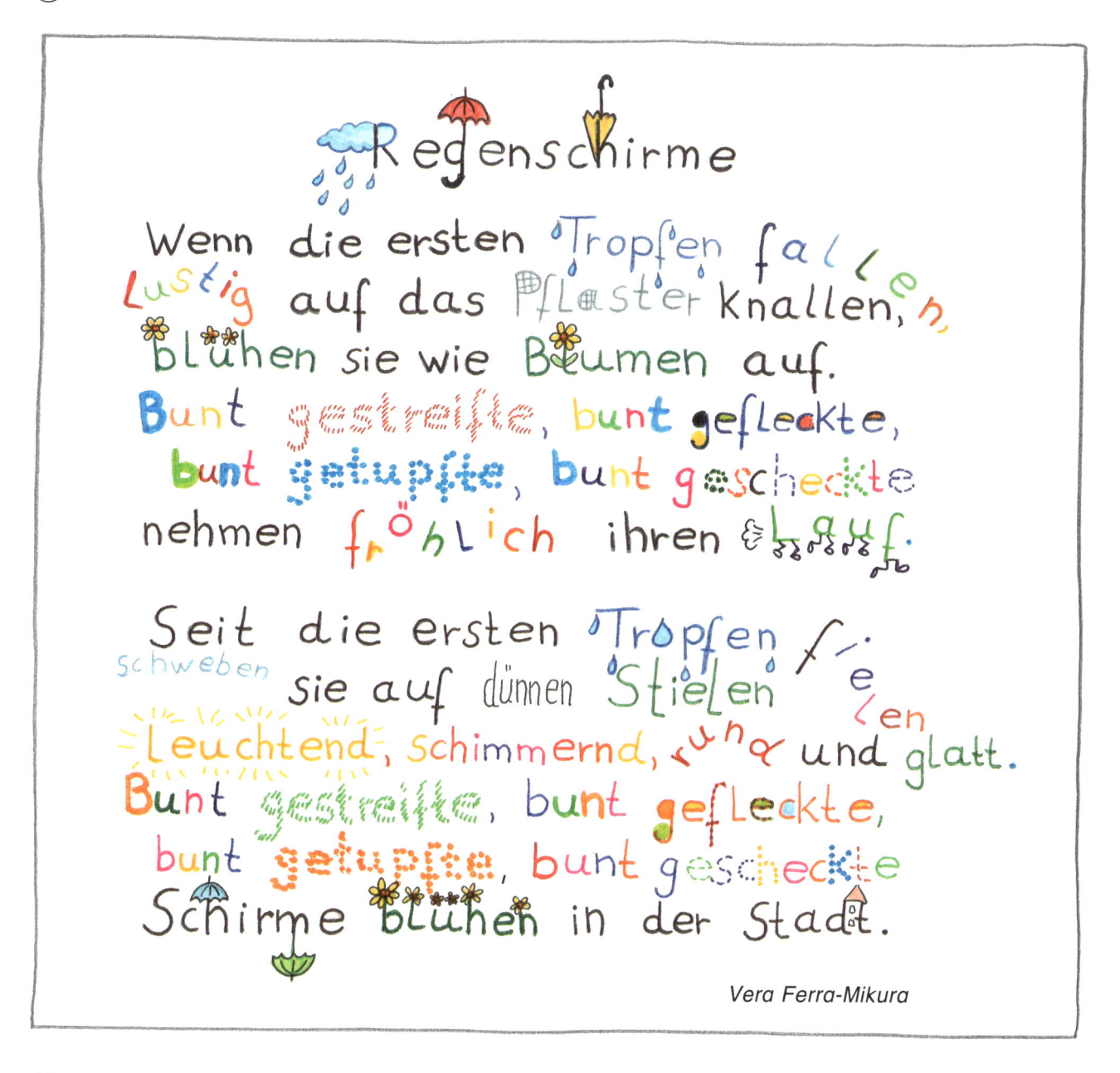

Regenschirme

Wenn die ersten Tropfen fallen
lustig auf das Pflaster knallen,
blühen sie wie Blumen auf.
Bunt gestreifte, bunt gefleckte,
bunt getupfte, bunt gescheckte
nehmen fröhlich ihren Lauf.

Seit die ersten Tropfen fielen
schweben sie auf dünnen Stielen
leuchtend, schimmernd, rund und glatt.
Bunt gestreifte, bunt gefleckte,
bunt getupfte, bunt gescheckte
Schirme blühen in der Stadt.

Vera Ferra-Mikura

② Gestalte diesen Text mit Schrift.

Regentropfen groß und klein,
lang gestreckt und nebelfein,
tropfen, klatschen, perlen, rollen,
blubbern aus den übervollen
Regentonnen, Regenrinnen,
gluckern endlich ganz von hinnen.

Katharina Berg

Wetterwörter

① Verbinde und schreibe auf.

Bogen   <u>R</u>egen<u>b</u>ogen

Schirm

Tropfen

Wolke

Jacke

Tag

> Aus mehreren Nomen kann man **zusammengesetzte Nomen** bilden.
>
> Regen + **B**ogen = <u>R</u>egen<u>b</u>ogen.

② Bilde zusammengesetzte Nomen.
Schreibe sie mit Artikel auf.

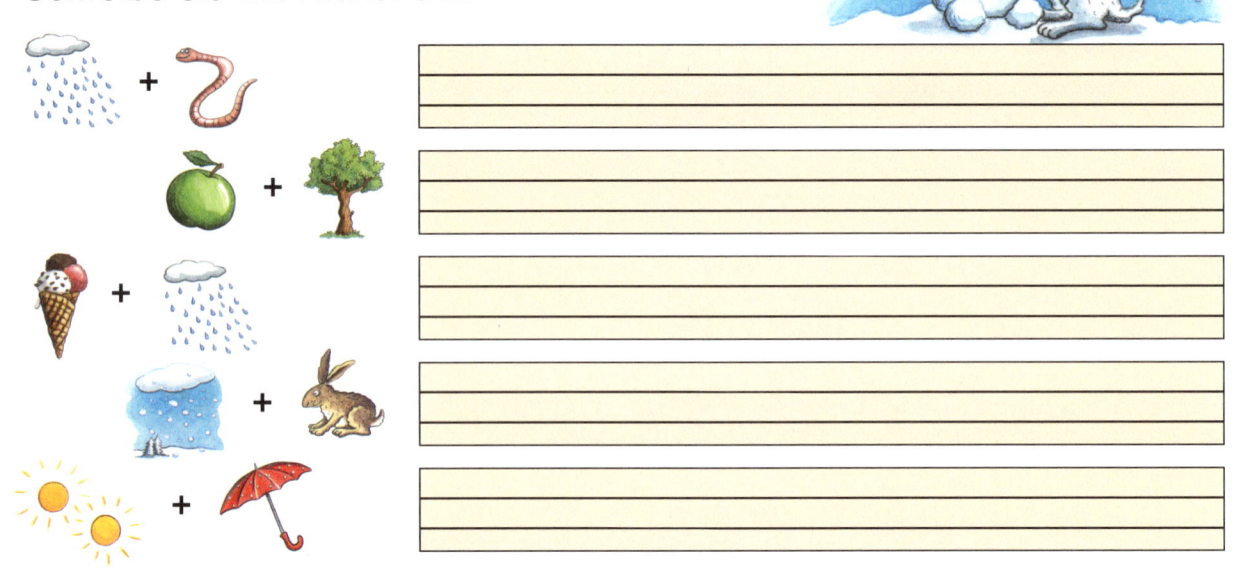

③ Schau dich in deiner Klasse um.
Finde selbst zusammengesetzte Nomen und schreibe sie auf.

④ Lies das Gedicht. Was fällt dir auf?

Herbstblätterhaufen
Blätterhaufenherbst
Herbstblätterhaufen
Haufenblätterherbst
Herbstblätterhaufen

Ach ja, Nomen schreibe ich groß!

⑤ In dem Gedicht sind Nomen zusammengesetzt. Schreibe sie auf.

⑥ Schreibe selbst ein Gedicht.

Kinder – Spiel – Platz

⑦ Tragt eure Gedichte vor.

⑧ Finde drei Nomen und schreibe ein eigenes Gedicht.

Zwischen den dunklen Bäumen

① Lies die Geschichte und schreibe sie zu Ende.

Tim ist so doof! Wütend stapft Mario
durch den Wald. Tim hat ihn hergeschleppt
und dann Angst bekommen.
Einfach abgehauen ist er. So ein Weichei!
Ein Zweig klatscht Mario ins Gesicht.
Er zuckt zusammen. Es ist ganz still ringsum.
Langsam kriecht die Dunkelheit
durch die Baumkronen.
Zwischen den Bäumen sammeln sich Schatten.
Mario spürt, wie ihm kalt wird.
Er bleibt stehen. Wo geht es weiter?
Raschelt da nicht etwas? Er holt tief Luft.
Hinter ihm knackt es. Mario fährt herum.
Auf einmal ...

Eine Entdeckung

① Lies den Text.

② Schwinge weiter ↪ und schreibe auf.

Ein schöner Ta 🌳 .   **Tage** ☀↪ **Tag**

Tom ist Lisas Freun 🌳 .

Heute spielen sie im Wal 🌳 .

Der Hun 🌳 Filo ist auch da.

Er rennt über den We 🌳 .

Am Fel 🌳 bellt Filo laut.

Doch da steht nur ein altes Zel 🌳 .

③ Schwinge weiter und schreibe die Wörter. Kreuze den richtigen Stern an.

Kin_d_   ↪ ⭐   **Kinder**

Bro__   ↪ ⭐   **Brote**

Ber__   ↪ ⭐

Kor__   ↪ ⭐

Hu__   ↪ ⭐

Pfer__   ↪ ⭐

Höre ich ein **p**, **t** oder **k** am Wortende,
schwinge ich weiter.

Partnerdiktat

Herbst

Der Wind pustet über das Feld.

Regentropfen fallen vom Himmel.

Doch da scheint die Sonne wieder.

Ein Regenbogen ist hinter dem Berg zu sehen.

① Führt ein Rechtschreibgespräch.
Welche Wörter sind schwierig?
Schreibe auf.

② Übt den Text in einem Partnerdiktat.

Partnerdiktat

- Lest beide den Text gut durch.

- Sprecht über schwierige Wörter.

- Ein Kind diktiert, das andere schreibt und spricht leise mit.

- Bei einem Fehler ruft ihr „Stopp!"

- Sprecht über den Fehler
  und verbessert ihn.

- Danach wird gewechselt.

Wiederholungsseite

1 Schreibe die zusammengesetzten Nomen auf.

2 Schwinge weiter und schreibe die Wörter.
Gelber oder grüner Stern? Kreuze an.

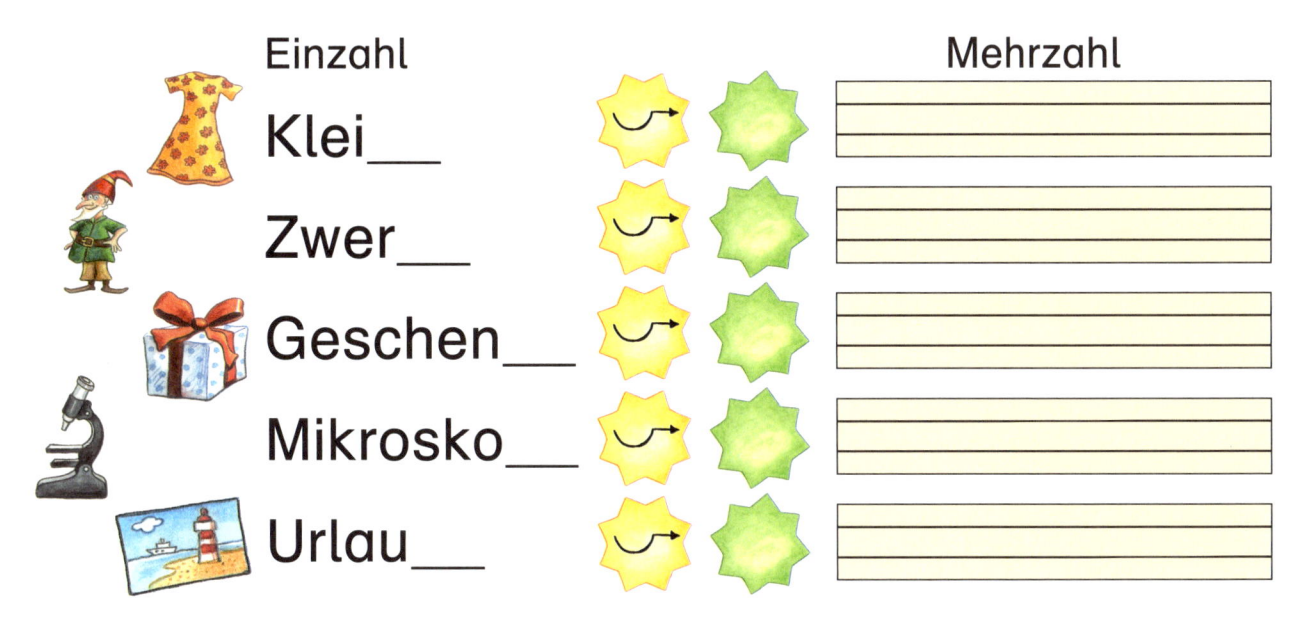

Einzahl		Mehrzahl
Klei___		
Zwer___		
Geschen___		
Mikrosko___		
Urlau___		

3 Was habe ich gelernt? Kreuze an.

Nomen stehen immer in der Mehrzahl. ☺ ☹

Doppelt gesprochen heißt doppelt geschrieben. ☺ ☹

Nomen kann man zusammensetzen. ☺ ☹

Ich kann jeden Buchstaben am Ende eines Wortes hören. ☺ ☹

Mädchensachen – Jungensachen

① Mia kommt wütend aus der Schule.
Lest das Gespräch mit verteilten Rollen.

„Der ist ja so gemein!"

„Was ist denn los? Wer ist gemein?"

„Sören, dieser Blödmann!"

„Ich dachte, Sören ist dein bester Freund.

Ihr habt doch gestern noch zusammen gespielt."

„Ab jetzt ist er nicht mehr mein Freund!"

„Warum das denn? Habt ihr euch gestritten?"

„Nein! Aber er hat zu Adrian gesagt, dass er

nicht mit Mädchen spielt, weil die immer nur

so langweilige Sachen machen."

② Warum ist Mia so wütend?

③ Was meinst du? Was tun Jungen gern? Male rot an.
Was tun Mädchen gern? Male grün an.

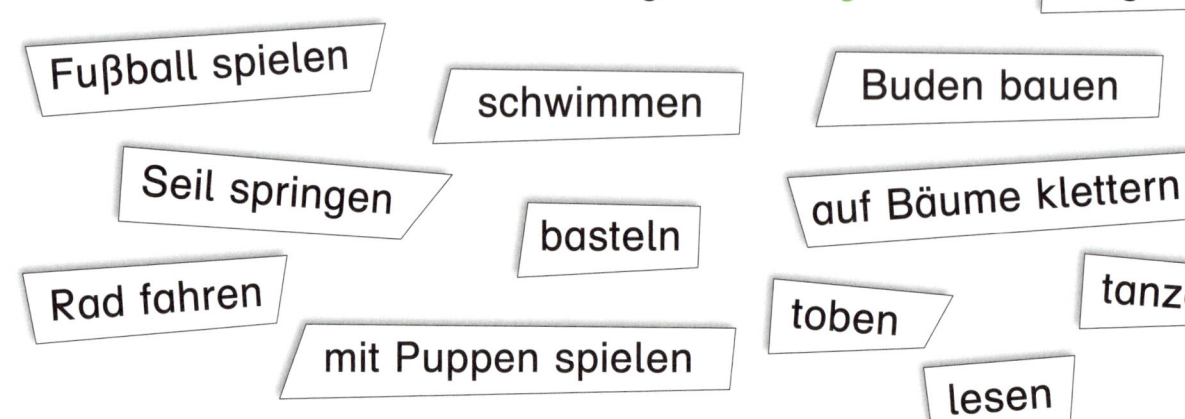

singen

Fußball spielen

schwimmen

Buden bauen

Seil springen

basteln

auf Bäume klettern

Rad fahren

toben

tanzen

mit Puppen spielen

lesen

④ Vergleicht und begründet eure Meinung.

⑤ Was tust du gern? Schreibe und stelle vor.

Ich

Ich

**⑥ Die Kinder aus der Klasse 2a haben angekreuzt,
was sie am liebsten tun. Erzähle.**

Name	⚽	🎨	🧱	📖	🐴
Nike					x
Antonia				x	
Kemal		x			
Daniel	x				
Sören			x		
Mia	x				
Sven					x
Max				x	

⑦ Schreibe auf, was diese Kinder am liebsten tun.

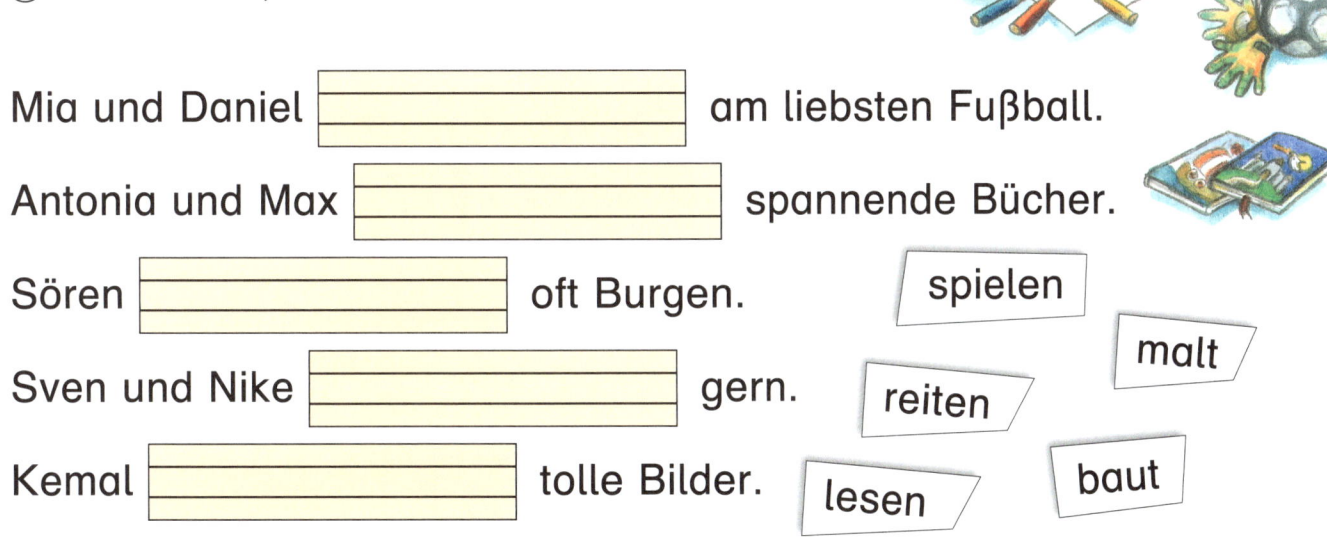

Mia und Daniel _____ am liebsten Fußball.

Antonia und Max _____ spannende Bücher.

Sören _____ oft Burgen.

Sven und Nike _____ gern.

Kemal _____ tolle Bilder.

spielen   malt   reiten   baut   lesen

> Wörter wie **reiten**, **lesen**, **spielen**, **malt**, **baut** heißen **Verben**.
> Verben sagen, was jemand *tut* oder was *geschieht*.

Fingerabdrücke sichern

① Schreibe auf, was man braucht.

> Pin   Spie   be   der   pier
> K~~le~~   Lu   Pa   fen
> Pu   pe   gel   sel   strei

Kle

② So kannst du Fingerabdrücke untersuchen.
Ordne die Verben zu.

> entfernen   drücken   kleben
> kleben   untersuchen   tupfen

– den Daumen fest auf den Spiegel

– etwas Puder auf den Fingerabdruck

– einen Klebestreifen über den Abdruck

– ihn vorsichtig vom Spiegel

– den Klebestreifen auf schwarzes Papier

– den Fingerabdruck mit der Lupe

③ Schreibe auf, wie du deine Fingerabdrücke sicherst.
Schreibe so:
Ich drücke den Daumen fest auf den Spiegel.
Ich tupfe

④ *Ich tue es. Du tust es. Der Polizist tut es. Wir tun es.* Schreibe auf.

untersuchen
ich untersuch**e**
du
er
wir

kleben
ich
du kleb**st**
er
wir

drücken
ich
du
er drück**t**
wir

entfernen
ich
du
er
wir entfern**en**

⑤ Was entdeckst du? Markiere die Endungen der Verben.

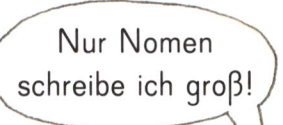
Nur Nomen schreibe ich groß!

⑥ Das habe ich entdeckt:

Verben in der ich-Form enden auf _____ ,

Verben in der du-Form enden auf _____ ,

Verben in der er/sie/es-Form enden auf _____ und

Verben in der wir-Form enden auf _____ .

> Verben verändern sich. Es kommt darauf an, **wer** etwas tut.
>
> **ich** lach**e** – **du** lach**st** – **er/sie/es** lach**t** – **wir** lach**en**

Windräder

① Lies das Gedicht.

Das Windrad

Mein Windrad bläst der Wind.
Nur ein Wehen
ist noch zu sehen,
so geschwind muss es sich drehen.
Verschwunden ist der bunte Stern.

Windrädchen
bläst der Wind fürs Leben gern.

Der Wind,
dieser lustige Mann,
bis vom Atlantik rennt er daher,
dass er mein Windrad blasen kann.

Josef Guggenmos

② Lerne das Gedicht auswendig und trage es vor.

③ Wie kann man Wind sehen? Erzähle.

④ So kannst du ein Windrad basteln. Beschreibe.

Du brauchst: Papier, eine Stecknadel, eine Perle,
eine Schere, einen Trinkhalm

So geht es:

Eine Bastelanleitung für Windräder

① Mattis schreibt genau auf, wie er sein Windrad gebastelt hat.
Lies seinen Text.

Ich falte das Quadrat zweimal von Ecke zu Ecke.

_____ Und dann schneide ich die Faltlinien bis fast zur Hälfte ein.

_____ Und dann biege ich die vier Ecken zur Mitte.

_____ Und dann steche ich eine Stecknadel durch alle Ecken.

_____ Und dann stecke ich die Stecknadel durch eine Holzperle in einen Trinkhalm.

② Lies den Text noch einmal laut.
Wie fangen die Sätze an? Unterstreiche.

> Und dann ...
> Und dann ...
> Und dann ...

③ Verändere die Satzanfänge. Benutze die Wortkästen. Schreibe so:

___Danach___ ~~Und dann~~ schneide ich ...

anschließend	~~danach~~	zum Schluss
nun	jetzt	als nächstes

④ Schreibe die Bastelanleitung mit den veränderten Satzanfängen auf.
Ich falte das Quadrat zweimal von Ecke zu Ecke.
Danach ...

❺ Schreibe auf, wie Mattis sein Windrad bastelt.
Er faltet das Quadrat zweimal von Ecke zu Ecke.
Danach ...

Wörter bauen

① Lies die Sätze. Was tun die Kinder?
Unterstreiche die Verben.

Ich <u>male</u> einen Vogel. Timo malt einen Hund.
Wir malen unser Haustier. Wen malst du?

② Verbinde in verschiedenen Farben und schreibe auf.

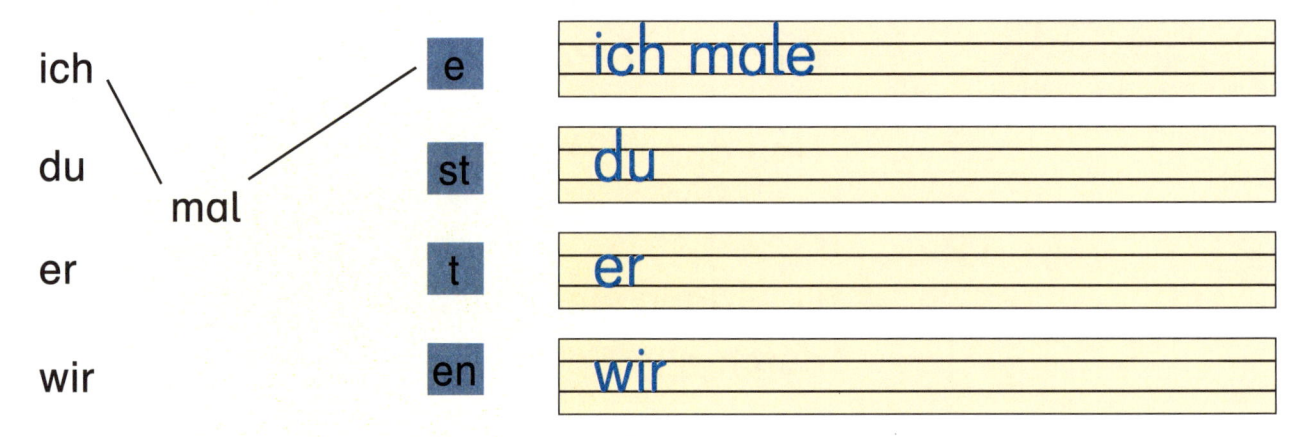

ich		e	ich male
du	mal	st	du
er		t	er
wir		en	wir

③ Lies die Sätze. Was tun die Kinder? Unterstreiche die Verben.

Ich baue ein Haus. Salome baut eine Burg.
Wir bauen gern. Was baust du?

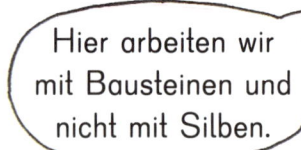

Hier arbeiten wir mit Bausteinen und nicht mit Silben.

Der Teil des Verbs, der meistens gleich bleibt,
heißt **Wortstamm**.
Die verschiedenen Endungen e st t en
sind **Wortbausteine**.

④ Verbinde und schreibe die Verben auf.

ich		t	ich baue
du	bau	en	du
sie		st	sie
wir		e	wir

(5) Markiere jeweils den Wortstamm.
Ergänze die passenden Formen der Verben.

er/sie/es	wir
er kommt	wir kommen
sie	wir schreiben
es	wir brennen
er	wir winken
sie	wir liegen
es	wir wollen

er/sie/es	wir
er	wir wippen
sie	wir schieben
es	wir brummen
sie	wir lügen
er	wir geben

(6) Markiere nun den Wortstamm in deinen geschriebenen Verben.

Schwinge weiter, wenn du unsicher bist, wie ein Wort geschrieben wird:
mm oder **m**, **ll** oder **l**, **nn** oder **n**, **b** oder **p**, **g** oder **k**, …

7 Finde weitere Verben mit schwierigen Stellen.

Sternenforscherseite

① Lies den Text.

Paul hat einen Drachen gebastelt.
Heute will er ihn fliegen lassen.
Paul hat die Leine in der Hand.
Dann rennt er los.
Der Drachen steigt hoch in die Luft.
Zwei Mädchen schauen zu und staunen.

② Ordne die markierten Wörter. Überprüfe.

Wort im Text	Zeichen	Überprüfungswort
	★	
	★	
	★	
	★	

③ Markiere diese Wörter ⭐ oben im Text.

| ihn | dann | Mädchen | und |

④ Meine schwierigen Wörter:

Wiederholungsseite

① Finde die fünf Nomen und die fünf Verben.
Kennzeichne sie.

SUMMEN   SCHNUR   BRÜLLEN   HÖREN   BALL

BURG   WIND   JAGEN   SPIEGEL   GEBEN

② Bilde mit den Verben Sätze.

③ Vervollständige die Sätze mit den Verben
in der richtigen Form.

Ein Fisch _____ im Wasser.   singen

Ich _____ ein Lied.   rennen

Du _____ sehr schnell.   schwimmen

Er _____ einen Brief.   wippen

Wir _____ auf dem Spielplatz.   schreiben

④ Schreibe die Wortbausteine am Ende farbig nach.

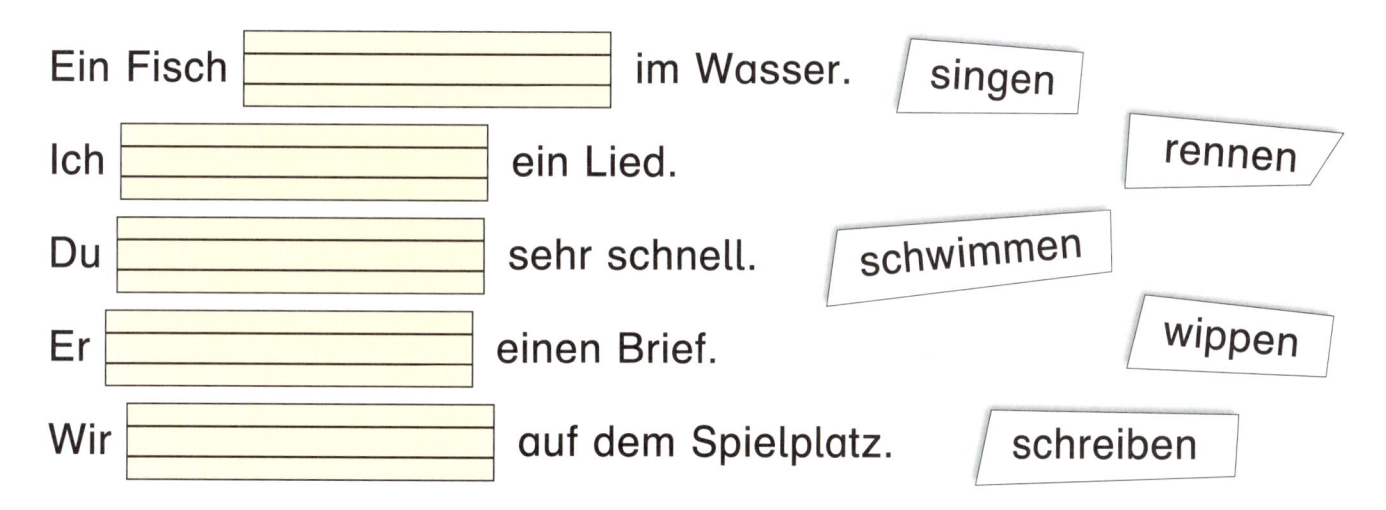

ich friere   sie glaubt   du legst

du frierst   wir glauben   es legt

wir frieren   du glaubst   ich lege

⑤ Schreibe die Verben in der er-Form und in der wir-Form auf.

schwimmen   malen   fragen   holen   essen

Gefühle

① Betrachte die Bilder. Beschreibe.

② Stellt die Gefühle dar.

wütend	glücklich	müde
traurig	ängstlich	beleidigt
schüchtern	stark	erschrocken

Wut

① Lies das Gedicht.

Wut, Wut, Wut!
Tut mir gar nicht gut.
Wenn ich richtig wütend bin,
werf ich alle Sachen hin,
schmeiße Türen, trample laut,
bis mein Papa grimmig schaut.
Wut, Wut, Wut!

Wut, Wut, Wut!
Da tut mein Hase gut.
Schnuppernase, weiches Fell,
nun verfliegt der Kummer schnell.
Kommt Papa dann zu mir ans Bett,
wird uns're Welt auch wieder nett.
Wut, Wut, Wut,
nun ist es wieder gut.

Kerstin von Werder

② Was macht dich wütend? Erzähle.

③ Was machst du, wenn du wütend bist?
   Schreibe auf.

Ich brülle!

④ Was macht dich fröhlich? Schreibe auf.

Langeweile

① Erzähle zum Bild. Suche Lösungen.

(Mir ist langweilig.

(Was kann ich nur machen?

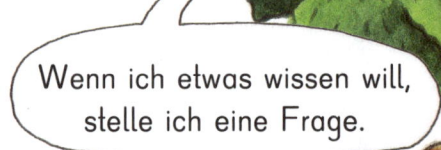

Wenn ich etwas wissen will, stelle ich eine Frage.

② Das sind Vorschläge, was der Junge machen könnte.
Lies die Sätze. Setze Satzzeichen.

Wen könnte ich anrufen?
Milo hat sicherlich ein tolles neues Spiel
Ich will mit Timo spielen
Wer hat heute Zeit
Wohin wollte Sara heute Nachmittag gehen
Ich gehe einfach nach draußen
Ich will Fußball spielen
Soll ich mir einen Film ausleihen

③ Kreise den Buchstaben am Satzanfang ein.
Kreise das Zeichen am Satzende ein.

Am Ende eines Satzes steht ein **Satzzeichen**.

Es kann ein **Punkt** oder ein **Fragezeichen** sein.

Jeder Satz beginnt mit einem großen Anfangsbuchstaben.

A a

Familienleben

① Setze die richtigen Fragewörter ein.

Wieso? Weshalb? Warum? Lauter W-Fragen!

Wie   Wann

Wo

Wer

_____ heißt deine Oma?

_____ wohnt dein Vater?

_____ hast du Geburtstag?

_____ hat in deiner Familie die größten Füße?

② Beantworte die Fragen.
Schreibe so: Meine Oma heißt ...

③ Erzähle von deiner Familie.

Welche Farbe hat das Sofa?

④ Stellt euch gegenseitig W-Fragen zum Bild.

⑤ Setze die richtigen Satzzeichen ein.
Unterstreiche die Fragewörter.

Was ist hier nur los

Bei Familie Findenix geht es drunter und drüber

Alle wollen in den Urlaub fahren

Wo ist nur der Autoschlüssel

Onkel Paul will sofort Fische fangen

Wer verreist nie ohne seinen Fußball

Das Baby schreit

Warum geht bei Familie Findenix immer alles schief

Leben in der Familie

① Lies den Text.

Mein Bruder hat einen Becher getöpfert.
Immer wenn ich ihn haben will, stellt er ihn weg.
Warum lässt er mich niemals daraus trinken?
Aber heute ist Andre nicht da. Jetzt oder nie!
Wo ist der Becher nur? Er steht oben im Schrank.
Wie komme ich da nur dran? Er steht so hoch.

② Was ist Imke passiert? Erzähle.

③ Wenn Andre nach Hause kommt, will Imke sich entschuldigen.
Was könnte sie sagen? Spielt das Gespräch.

④ Imke versucht Andre einen Entschuldigungsbrief zu schreiben.
Sie sammelt Ideen.
Schreibt für Imke einen Entschuldigungsbrief.

Hallo Andre!   Mir ist ein Unglück passiert!
Lieber Andre!   Ich habe mir deine Tasse
Mein lieber Bruder! heimlich genommen.

Entschuldige bitte! Ich habe deinen Becher umgeworfen.
Es tut mir so leid! Ich habe deine Tasse fallen lassen.
Ich habe deinen Becher kaputt gemacht. Verzeih mir bitte!

Wie kann ich das wieder gut machen?
Was kann ich dir als Entschuldigung von mir geben?

Deine kleine Schwester Imke
Liebe Grüße deine Imke

⑤ Vergleicht Imkes Entschuldigungen.

⑥ Erzähle von einem Streit, den du hattest.
Wie hast du dich entschuldigt?

Auch Wörter haben Familien!

① Sortiere die Familienmitglieder in die richtigen Bilderrahmen.
Markiere den Familienstamm.

Gehweg

vorgehen

Stehplatz

er geht

verstehen

anstehen

sie steht

weggehen

GEH

_____

_____

_____

_____

STEH

_____

_____

_____

_____

Einmal h — immer h!

② Bilde zu jeder Wortfamilie zwei Sätze.
Schreibe auf.

Vorsilben

Haben Wortfamilien auch Vornamen?

Nein, aber manche haben Vorsilben.

> Vorangestellte Wortbausteine nennt man **Vorsilben**.
> Sie verändern die Bedeutung von Wörtern.

① Markiere die Vorsilben.

aufschreiben	abschreiben	vorschreiben

verschreiben	beschreiben

② Lies die Sätze und verbinde sie mit dem passenden Verb. Schreibe die Wörter dazu.

aussuchen   Meine Oma kann ich   besuchen .

besuchen   Ich darf mir dort ein Spiel _____ .

auslaufen   Der kleine Junge hat sich _____ .

verlaufen   Die Milch soll nicht _____ .

wegziehen   Sie darf die neue Hose _____ .

anziehen   Onkel Torsten musste leider _____ .

bestellen   Wir müssen uns am Ende _____ .

ausstellen   Wir möchten heute Pizza _____ .

anstellen   Wir dürfen unsere Plakate _____ .

③ Markiere die Vorsilben.

Wortbausteine

① Markiere die Vorsilben.

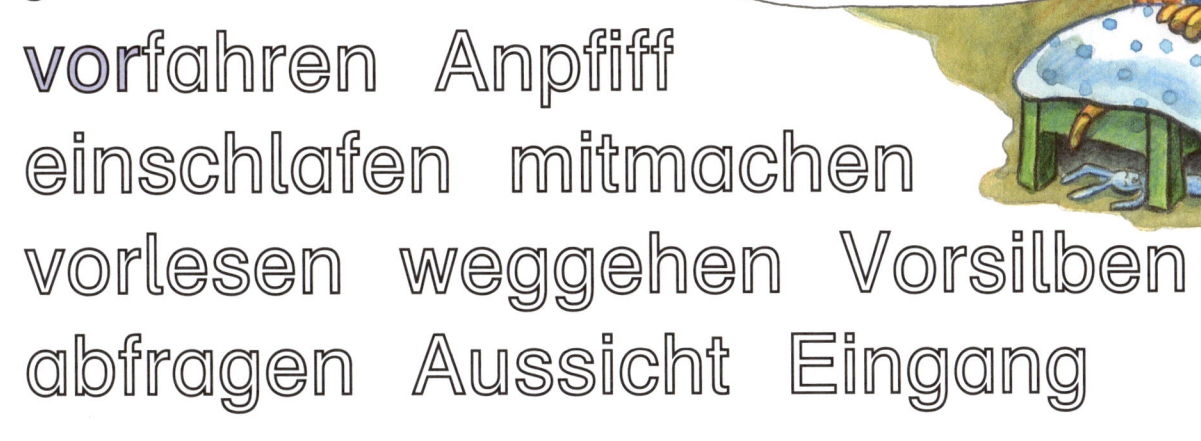

Wenn ich die Vorsilbe weglasse, bleibt meistens noch ein richtiges Wort übrig.

vorfahren Anpfiff
einschlafen mitmachen
vorlesen weggehen Vorsilben
abfragen Aussicht Eingang

② Setze einige Vorsiben und den passenden Stamm zusammen.

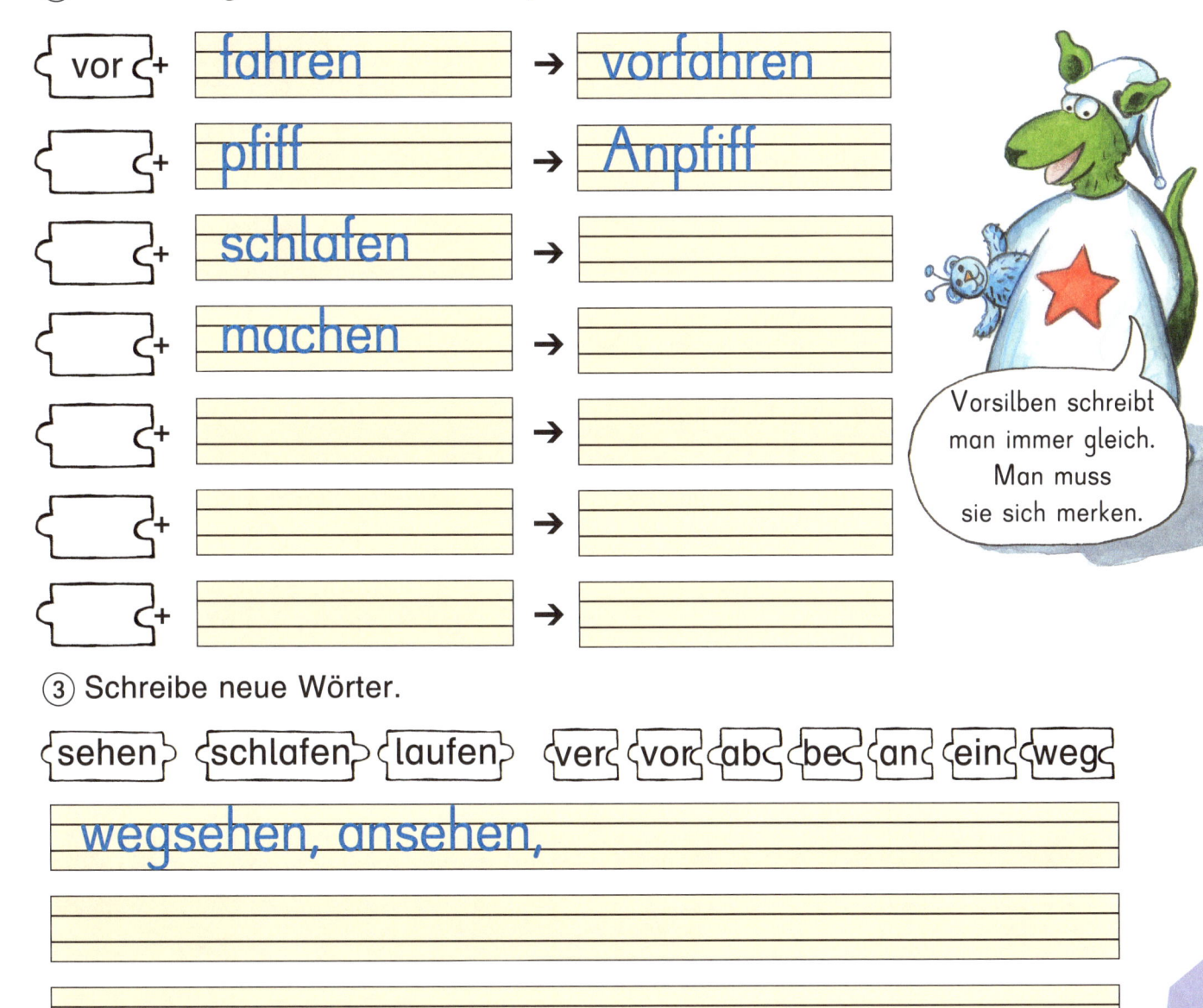

vor +	fahren	→	vorfahren
+	pfiff	→	Anpfiff
+	schlafen	→	
+	machen	→	
+		→	
+		→	
+		→	

Vorsilben schreibt man immer gleich. Man muss sie sich merken.

③ Schreibe neue Wörter.

⟨sehen⟩ ⟨schlafen⟩ ⟨laufen⟩ ⟨ver⟩ ⟨vor⟩ ⟨ab⟩ ⟨be⟩ ⟨an⟩ ⟨ein⟩ ⟨weg⟩

wegsehen, ansehen,

④ Finde eigene Wörter mit Vorsilben.

Was machen Freunde?

① Lies das Gedicht. Erzähle.

Was machen Freunde?
Ein Freund versteht mich.
Ein Freund, der geht nicht.
Ein Freund verleiht mir seinen Ball.
Ein Freund verzeiht Streit auf jeden Fall.
Ein Freund dreht mit mir das Karussell.
Mit Freunden vergeht die Zeit einfach schnell!

Kerstin von Werder

② Markiere die Verben. Was fällt dir auf?

③ Schreibe die markierten Verben auf.
Bilde zu den Wörtern die wir-Form.
Markiere das h.

⭐	🟢
versteht	wir verstehen
geht	

Einmal h — immer h!

④ Was machst du gern mit deinem besten Freund
oder deiner besten Freundin? Schreibe auf.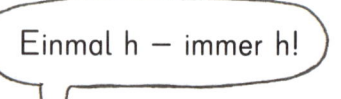

Milos Witz

① Lies den Witz. Erkläre.

② Spielt den Witz nach.

Der kleine Timo sitzt mit seiner Mutter im Zug.
Er isst leckere Kirschen.
Nebenan liest ein Mann Zeitung.
Als die Kirschen alle sind,
steigen Timo und seine Mutter aus.
Mutter meckert: „Du hast die Kerne hoffentlich
nicht auf den Boden gespuckt!"
Timo antwortet entsetzt: „Natürlich nicht!
Ich habe sie alle gut weggepackt."

③ Unterstreiche in Milos Witz die Wörter mit ck und tz.

④ Reime und schwinge weiter.

Schon wieder ein Fall
für den gelben Stern.

⭐	⭐		⭐	⭐
flitzt	flitzen		Witz	Witze
schw			S	
s			Bl	

⭐	⭐		⭐	⭐
gespuckt	spucken		Knick	Knicke
gej			Bl	
gez			Tr	

❺ Schreibt eigene Witze auf.

❻ Gestaltet ein Heft als Witzsammlung.

Sternenforscherseite

① Lies den Text.

Timo und sein Vater sind am Wasser.
Dort sitzt Ole und schleckt Eis.
Beide verstehen sich sofort gut.
Gemeinsam buddeln sie einen Tunnel.
Ole holt seine Autos aus der Tasche.
Später geht Timo Steine suchen.
Sie wollen eine Brücke bauen.

② Ordne die markierten Wörter. Überprüfe.

Wort im Text	Zeichen	Überprüfungswort
	⭐	
	⭐	
	⭐	
	⭐	

③ Markiere diese Wörter  oben im Text.

Vater   sind   später

④ Meine schwierigen Wörter:

Wiederholungsseite

① Setze die fehlenden Fragewörter ein.

	heißt dein Vater?
	wohnt deine Oma?
	gehst du zur Schule?

② Beantworte die Fragen.

③ Setze die richtigen Satzzeichen ein.

Toto ist meistens ein lieber Hund

Heute hat er sich wieder von der Leine losgerissen

Wo ist er hingelaufen

Warum flitzt er immer zu Frau Özker

Sie gibt ihm leckere Wurst

Wer könnte ihm das übelnehmen

④ Markiere die Vorsilben.

ankommen vormachen abstellen
weglaufen   verleihen   einkaufen

⑤ Suche und markiere die Verben.
   Schreibe sie auf. Begründe mit den Sternen.

h	ü	s	t	e	h	t	e	t	e
h	b	b	l	i	t	z	t	e	c
b	ü	c	k	t	n	g	t	z	z
c	k	k	ü	g	g	e	h	s	t
ü	s	c	h	w	i	t	z	t	e

⑥ Schreibe Sätze mit den Verben.

Wunschträume

① Was träumen die Kinder? Erzähle.

② Wovon träumst du?
Schreibe und male.

Verzauberte Sätze

① Bilde richtige Sätze und schreibe sie auf.

Tom ist ein großer Zauberer.	Tom ist ein

An seinem Hut ein Blumenstrauß. steckt	

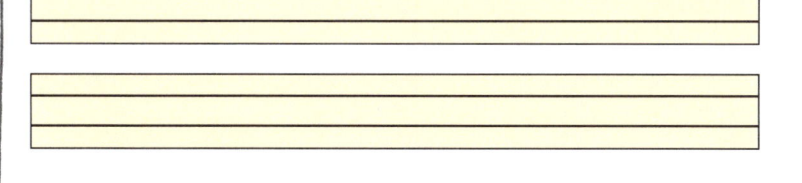

weiße Tauben. zaubert Er	

Er auf einem Fußball. tanzt	

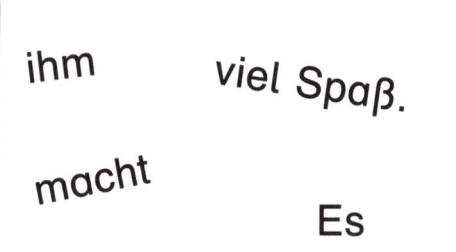

ihm viel Spaß. macht Es	

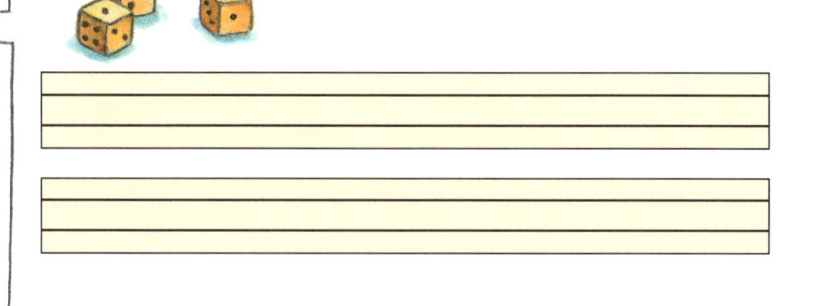

② Unterstreiche alle Wörter mit ß.

Wie ist es im Märchenland?

① Erzähle.

rund

tief

lang

heiß

grün

hoch

klein

② Wie können Dinge sein? Schreibe die Sätze auf.

Wie ist der Turm? **Der Turm ist hoch.**

Wie ist der Zopf?

Wie ist das Feuer?

Wie ist der Zwerg?

Wie ist die Kugel?

Wie ist der Brunnen?

Wie ist die Tanne?

Adjektive sagen, *wie* etwas ist:
Wie ist der Ball? Der Ball ist **rund**.

③ Suche in der Wörterliste unter **G** alle Adjektive und schreibe Sätze dazu in dein Heft.

④ Was ist das Gegenteil? Verbinde.

klein   süß   hell   dünn   neu   stark   reich   böse

dunkel   groß   dick   sauer   schwach   arm   alt   lieb

⑤ Schreibe die Wörter als Gegensatzpaare auf.

klein – groß,

> Ein Adjektiv kann zwischen Artikel und Nomen stehen. Es verändert sich.

⑥ Beschreibe die Märchenwaldbewohner.

gestreift   böse   schön   lustig   alt   grün

die alte Hexe

⑦ Bilde ganze Sätze.
Schreibe so: Die alte Hexe lebt im dunklen Wald.

Die flotte Hexe

1. Wie soll deine flotte Hexe aussehen?
   Suche dir aus dem Hexenkessel passende Adjektive aus. Trage sie ein.

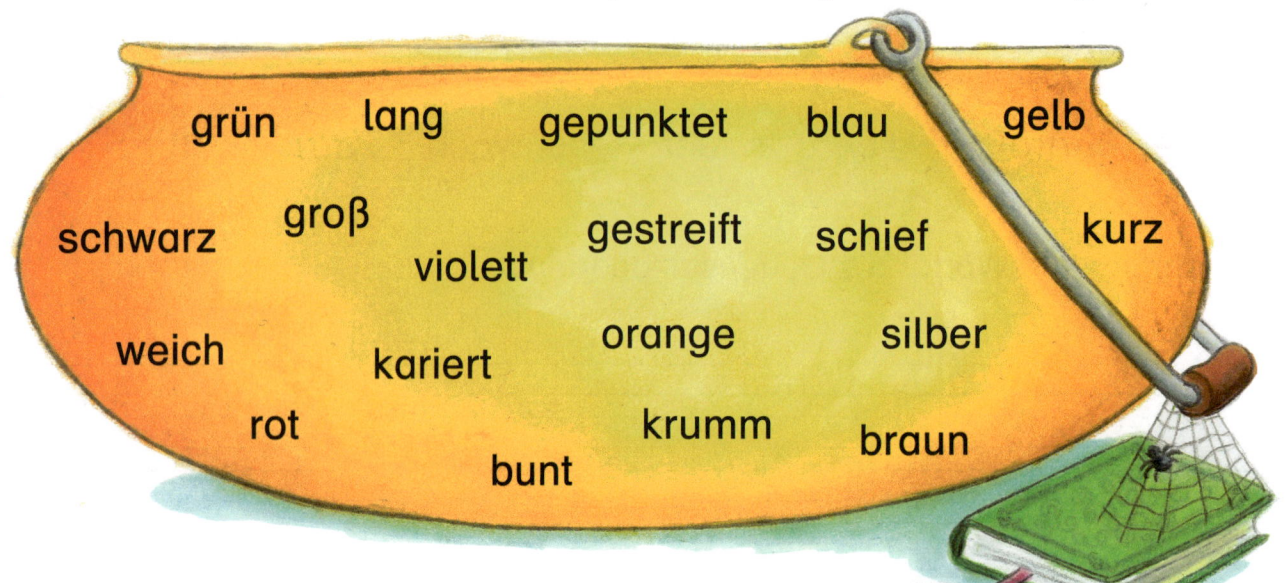

grün lang gepunktet blau gelb

schwarz groß gestreift schief kurz

violett

weich orange silber

kariert

rot krumm braun

bunt

Die Hexe hat einen gestreiften Hut.

Ihr Rock ist _____ und hat _____ Punkte.

Der Flicken auf dem Rock ist _____.

Die Bluse male ich _____ an.

Sie trägt einen _____ Mantel.

Ihr Gürtel glänzt _____.

Die Stiefel sind _____.

Den Besen male ich _____.

Sie hat einen _____ Hexenstab.

Ihre Hexenkatze hat _____ Augen und ein _____ Fell.

2. Male deine flotte Hexe so an.

3. Schreibe eine eigene Geschichte über deine flotte Hexe.

Katze Mika

(1) Lies den Text. Ordne die Wörter richtig ein.

Katze Mika geht _____ . Strauch spricht

Sie _____ über _____ und _____ . stehen

In einem _____ entdeckt sie einen _____ . spazieren

Sie bleibt _____ . Spatz Stock spielen

Katze Mika _____ mit dem Spatz.

Der Spatz und Mika werden Freunde. Stein Spaß

Beide _____ zusammen und haben viel _____ . springt

(2) Schreibe die Verben in der passenden Form in die Tabelle.

wir	du	er/sie/es
spazieren	du spazierst	
springen		
stehen		
sprechen		
spielen		

(3) Schreibe mit diesen Verben Ich-Sätze.
Schreibe so auf:
Ich spaziere nach Hause.

(4) Suche Wörter aus der Wortfamilie *spiel*?

5 Bilde mit diesen Wörtern Sätze. Schreibe sie in dein Heft.

Viele Ideenblitze

① Schreibe deine Ideenblitze zu dem Bild auf.

② Vergleicht eure Ideenblitze.

③ Wähle Ideenblitze für deine Geschichte aus.

④ Schreibe mit deinen Ideenblitzen eine Geschichte.

⑤ Sammelt eure Geschichten in einem Geschichtenheft.

Eine Geschichte ordnen

① Die Geschichte ist durcheinander.
Ordne die Absätze in eine richtige Reihenfolge. Trage Nummern ein.

◯ Am Schluss kommen alle in die Manege gelaufen.
Das war ein tolles Erlebnis für Tom.

◯ Zu Beginn lachen alle über den Clown
mit den großen Schuhen. Gleich kommen die Löwen.

◯ Ein Löwe brüllt plötzlich sehr laut.
Alle werden jetzt ganz still.

◯ Tom ist heute mit seiner Oma im Zirkus.

◯ Die Seiltänzer stehen nach der Pause auf dem wackeligen Seil.

◯ In der Pause kauft sich Tom eine Tüte Popcorn.

② Welche Wörter können dir helfen, die Reihenfolge zu bestimmen?
Markiere sie. Schreibe sie ab.

③ Welche Überschrift passt? Kreuze an und Begründe.

◯ Die mutigen Seiltänzer   ◯ Tom im Zirkus

④ Schreibe die Geschichte mit Überschrift in der richtigen Reihenfolge
in dein Heft.

Sternenforscherseite

① Lies den Text.

Der kleine Clown Pepino soll heute auftreten.
Ihm geht es gut.
Sein Hemd ist gestreift.
In der ersten Nummer turnt er auf einem Ball.
Seine großen Schuhe wackeln an den Füßen.
Darum stolpert er besonders oft.
Alle lachen laut. Pepino ist jetzt glücklich.

② Ordne die markierten Wörter. Überprüfe.

Wort im Text	Zeichen	Überprüfungswort
	⭐	
	⭐	
	⭐	
	⭐	

③ Markiere diese Wörter ⭐ oben im Text.

| Clown | ihm | jetzt | glücklich |

④ Meine schwierigen Wörter:

Wiederholungsseite

① Lies den Text und unterstreiche die 8 Adjektive.

Der kleine Affe Beppo lebt auf einer schönen Insel.
Heute läuft er an den weißen Strand.
Er will große Muscheln sammeln.
Doch was liegt denn da?
Im heißen Sand sieht er eine grüne Flasche.
Er öffnet sie und findet eine bunte Schatzkarte.
Nun geht Beppo auf eine tolle Schatzsuche.

② Welche Wörter sind keine Adjektive? Streiche sie durch.

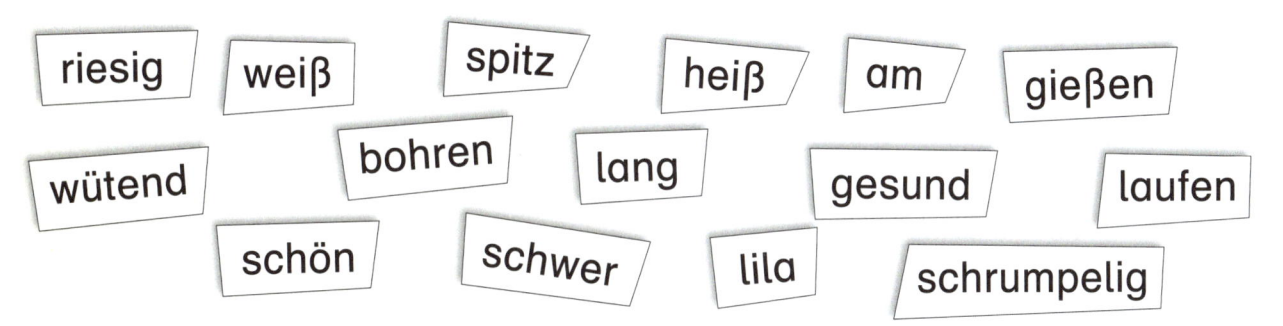

riesig   weiß   spitz   heiß   am   gießen

wütend   bohren   lang   gesund   laufen

schön   schwer   lila   schrumpelig

③ Ergänze die Sätze.

heiß   Fußball   Straße   Spaß   spritzen   Gießkanne

Heute scheint die Sonne. Es ist sehr _____ .

Jan und Eva treffen sich auf der_____ .

Erst wollen sie _____ spielen.

Da haben beide eine Idee. Sie _____ sich

mit der _____ kaltes Wasser über den Kopf.

Heute haben sie viel _____ .

Haustiere

① Erzähle.

② Suche dir ein Tier aus.

③ Was gefällt dir an diesem Tier?

④ Julia schreibt über ihre Tiere.
Setze die fehlenden Buchstaben ein. Überprüfe.

eu oder äu?

e oder ä?

Ich habe zwei weiße M_äu_se.

eine Maus

Ihre Schw___nze sind sehr lang.

ein

Sie haben zwei H___ser.

Eine Maus schl___ft fast immer.

wir schlafen

Die andere l___ft immer herum.

> Aus **a** wird **ä**, aus **au** wird **äu**.
> Bei **Nomen** bilde ich die **Einzahl**: zwei Mäuse – eine Maus.
> Bei **Verben** hilft die **wir-Form**: schläft – wir schlafen.

⑤ Schreibe erst die wir-Form. Setze die fehlenden Buchstaben ein.

wir

sie schl___gt

er f___hrt

es l___ft

sie l___sst

❻ Welches Wort schreibst du hier?

sie r___mt auf

der R___ber

Über Tiere informieren

① Sophie soll über ihre Haustiere schreiben.
Erzähle.

Aussehen

Lebensweise

Zubehör

Pflege

Nahrung

② Male in den entsprechenden Farben aus.

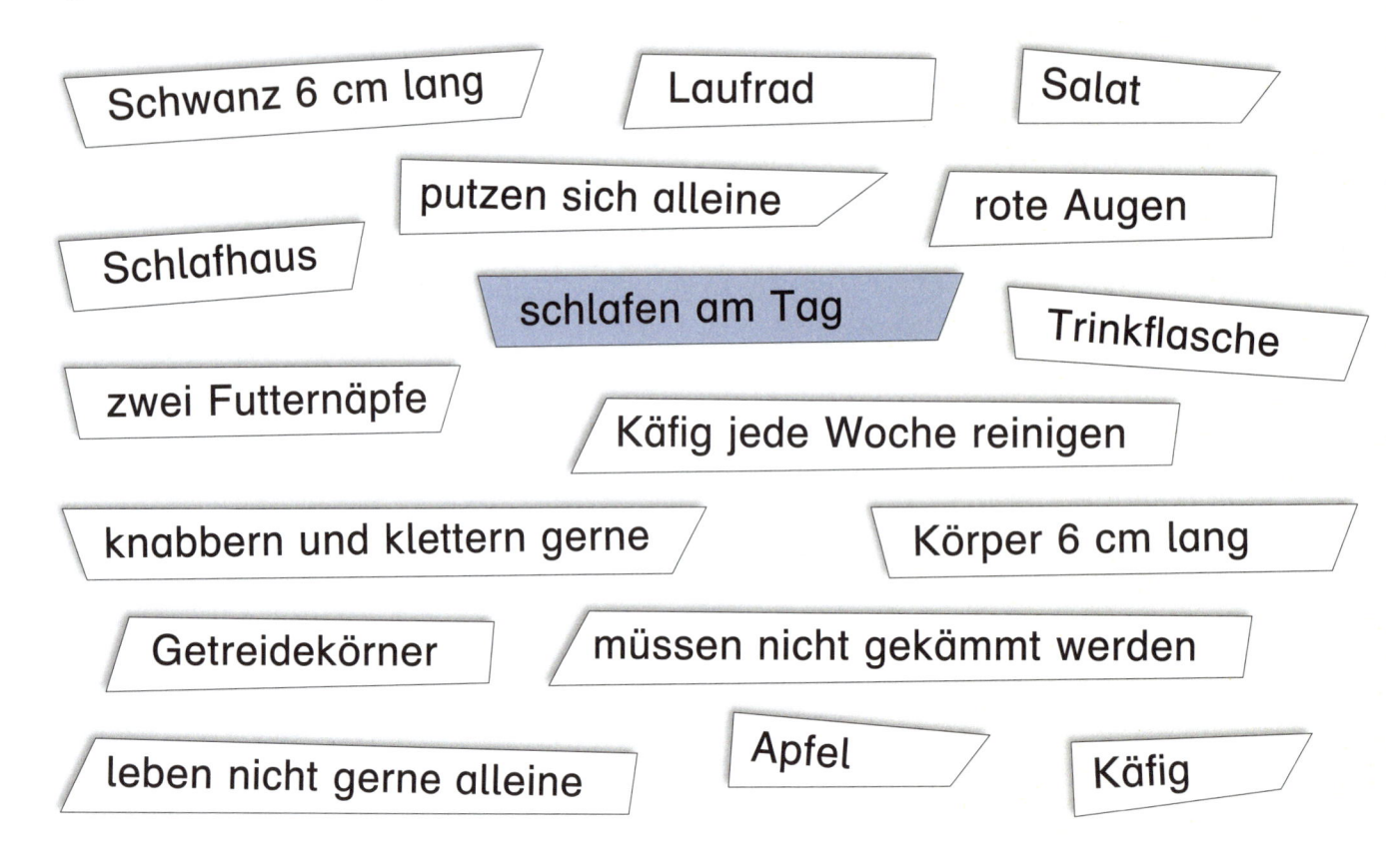

Schwanz 6 cm lang

Laufrad

Salat

putzen sich alleine

rote Augen

Schlafhaus

schlafen am Tag

Trinkflasche

zwei Futternäpfe

Käfig jede Woche reinigen

knabbern und klettern gerne

Körper 6 cm lang

Getreidekörner

müssen nicht gekämmt werden

leben nicht gerne alleine

Apfel

Käfig

③ Wo kannst du dir zusätzliche Informationen über Mäuse beschaffen?
Erzähle.

④ Verteilt die Oberbegriffe und schreibt dazu Sätze.
Gestaltet ein Plakat. Stellt das Plakat in der Klasse vor.

⑤ Wählt ein eigenes Tier.
Sucht Informationen. Gestaltet ein Plakat.

⑥ Lies den Text. Was fällt dir auf?

Katzen leben meistens in Häusern und Wohnungen.
Rennmäuse leben in der Steppe.
Auf Bauernhöfen leben sie oft nur draußen.
In kleinen Hügeln legen sie Höhlen an.
Sie schleichen durch Gärten, Wiesen und Felder.
Diese Höhlen sind durch Gänge verbunden.
Hier wohnen Rennmäuse in Familien zusammen.
Dort fangen sie gerne Mäuse
und andere Tiere.

⑦ Über welche Tiere wird hier berichtet?

⑧ Unterstreiche rot, was du über Katzen erfährst.

Unterstreiche blau, was du über Rennmäuse erfährst.

⑨ Schreibe nur die Informationen über eines der Tiere ab.

Auf dem Bauernhof

① Setze die Verben in der richtigen Form ein.

Kerem und seine Mutter _____ zum Bauernhof.
fahren/fährt

Jonas _____ mit seinem Vater hinterher.
fahren/fährt

Im ersten Stall _____ es drei Kälber.
geben/gibt

Sie _____ noch keine Milch.
geben/gibt

Kerem _____ : Bitte nicht füttern!
lesen/liest

Ob Kühe das wohl auch _____ können?
lesen/liest

② Trage die richtigen Verbformen ein.

wir	ich	du	er/sie/es
schreiben	schreibe		
fallen			
lesen			
spielen			
tragen			

③ Schreibe mit jedem Verb einen Satz in der du-Form.

④ Prüfe und streiche das falsche Wort durch.

Erst | ~~ligt~~ / liegt | das Kalb bei seiner Mutter. wir liegen

Nach einer Weile kommt das | Tier / Tir | zu mir. die

Das Kalb | richt / riecht | an meiner Hand.

Es | schiebt / schibt | meine Hand weg.

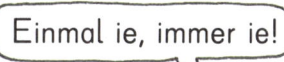
Einmal ie, immer ie!

⑤ ie oder i? Fülle die Tabelle aus.

wir-Form	ich	du	er/sie/es
sch___ben			
		br___ngst	
			l___gt
			tr___nkt
		kr___chst	

⑥ Reime vier Verben mit ie.

Schreibe so:

wir lieben, ich liebe, du liebst, er liebt
wir schieben, ...

Tiere auf dem Bauernhof

① Erzähle.

② Schreibe die Tiere mit Artikel auf.

das Pferd, _____

_____

③ Setze nun **ein** oder **eine** ein.

Auf der Weide steht _____ Pferd.

Auf der Weide grast _____ Kuh.

Auf der Weide hüpft _____ Ziege.

Schläft auf der Weide _____ Hund?

Nein, _____ Hund schläft im Stall.

Ist _____ Kuh im Stall.

Ist _____ Pferd im Stall?

Ist _____ Ziege im Stall?

> Schau, **ein** und **eine** sind auch Artikel!

> Es gibt bestimmte und unbestimmte Artikel.
> **der die das** sind bestimmte Artikel.
> **ein eine** sind unbestimmte Artikel.

(4) Fülle die Tabelle aus.

bestimmter Artikel + Nomen		unbestimmter Artikel + Nomen
das	Tier	ein Tier
die	Pfote	
	Schwanz	
	Fell	
	Kopf	
	Kralle	

(5) Setze bestimmte Artikel ein.

_____ Bauernhof hat viele Ställe.

Dort jagt _____ Katze gern Mäuse.

Im Stall blökt _____ Schaf.

_____ Ente schnattert mit Bu im Teich.

Im Matsch liegt _____ Schwein.

_____ Esel trottet im Kreis.

_____ Bauer fegt den Hof.

Im Garten spielt _____ Hund mit Kari.

(6) Schreibe die Sätze nun mit unbestimmten Artikeln.

Ein Bauernhof ...

(7) Finde zehn Nomen.
Schreibe sie mit unbestimmtem und mit bestimmtem Artikel auf.

Im Zoo

① Lies das Rätsel.

Quiddel läuft auf großen Tatzen.
Quiddels Fell ist kurz und gestreift.
Mit seinen starken Zähnen reißt er Fleisch vom Knochen.
Quiddel hat einen langen Schwanz.

Quiddel ist

② Setze die fehlenden Wörter ein. Lies im Text nach.

Quiddel hat _____ Tatzen.

Er hat ein _____ und _____ Fell.

Seine Zähne sind _____.

Quiddels Schwanz ist _____.

> Mit **Adjektiven** kannst du etwas genauer beschreiben.
> das Ohr – das **spitze** Ohr

**③ Auf Karis Planeten sehen alle Tiger so aus.
Setze die Adjektive ein.**

Karis Tiger haben _____ Köpfe

mit _____ Ohren.

Alle haben ein _____ und _____ Fell.

Ihre Schwänze sind _____.

rot

lockig

eckig

kurz

spitz

**④ Schreibe ein Tierrätsel.
Tausche dein Rätsel mit einem anderen Kind.**

5 Schreibe die Nomen mit Artikel unter die Bilder.

das Fell

der Tiger

6 Schreibe zusammengesetzte Nomen mit Artikel auf.

der Tiger + das Fell = das Tigerfell

7 Unterstreiche die Artikel. Was fällt dir auf?

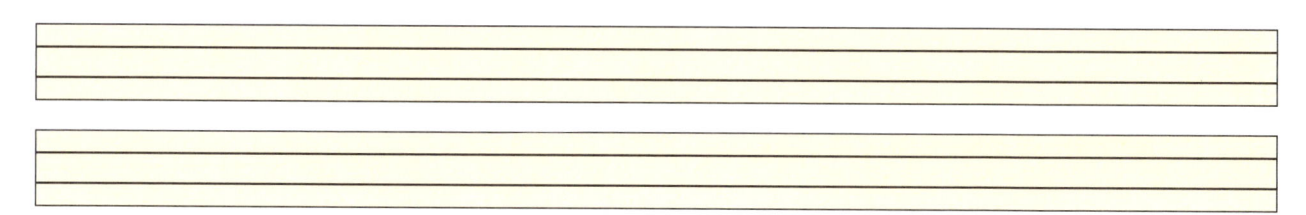

8 Finde zusammengesetzte Nomen mit *Tier*.
Schreibe so:

das Tier + der Schwanz = der Tierschwanz
das Tier + ...

Sternenforscherseite

① Lies den Text.

Meine Katze Minka schläft gerne im Sessel.
Gestern habe ich ihr eine kleine Maus gekauft.
Sie spielt viel damit in der Küche.
Leise schleicht sie sich zur Maus
und schnappt zu.
Immer wieder trägt sie die Maus zu mir.
Minka ist immer sehr flink.

② Ordne die markierten Wörter. Überprüfe.

Wort im Text	Zeichen	Überprüfungswort
	⭐	
	⭐	
	⭐	
	⭐	

③ Markiere diese Wörter 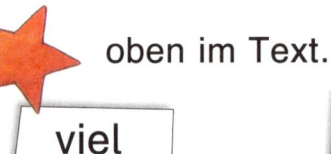 oben im Text.

ihr

viel

sehr

④ Meine schwierigen Wörter:

Wiederholungsseite

① Bilde zusammengesetzte Nomen.
Schreibe sie mit Artikel auf.

Käfig	—	Tür
	—	Stange
	—	Tier
	—	Gitter

Vogel

Frettchen

Tiger

Meerschweinchen

Käfig

② Setze die fehlenden Buchstaben ein. Überprüfe.

Eine Katze klettert gerne auf B___me.

Im Garten jagt sie M___se.

Auf dem Sessel schl___ft sie gern.

Sie braucht zwei N___pfe.

③ Welche Wörter gehören zu einer Wortfamilie?
Male sie in der gleichen Farbe an.

Wäsche   laut   Farbe

zählen   Arm

Ärmel   Angst   waschen   ängstlich

läuten   färben   Zahl

④ Schreibe die Paare auf.

Lesen kann man überall

① Erzähle.

② Wo liest du? Erzähle.

③ Was liest du gerne? Stelle es vor.

In der Bücherei

① Dies sind Sachbücher.
Welche Arten von Büchern kennst du noch?

> Damit man Bücher in einer Bücherei schneller findet, sind sie nach Themen und dem Abc geordnet.

② Sortiere die Sachbücher nach dem Abc.

> Wenn beim Nachschlagen der erste Buchstabe gleich ist, schaue ich mir den nächsten Buchstaben an.

Geschichten schreiben

① Schreibe dir eine eigene Geschichte. Kreuze an.

Überschrift:

Nach einem langen Flug landet das Raumschiff in einem

☐ ☐ ☐ ☐

Die Tür öffnet sich und ein/eine

☐ ☐ ☐ ☐

steigt aus. In der Hand hält er/sie einen/eine

☐ ☐ ☐ ☐

Er/Sie trifft ein Kind und sagt: „Ich habe mich verirrt.
Ich suche einen/eine

☐ ☐ ☐ ☐

Kannst du mir helfen?" Das Kind ruft: „Ja!"
Gemeinsam machen sie sich auf die Suche.

② Wie geht die Geschichte weiter? Schreibe auf.

③ Finde eine passende Überschrift.

④ Lies deine Geschichte einem Kind vor.
Lass dir sagen, was du gut gemacht hast
und was du noch verbessern kannst.

Ich kann deine Geschichte gut verstehen.

Kannst du andere Satzanfänge finden?

Die Überschrift passt gut zu deiner Geschichte.

Deine Geschichte ist sehr kurz.

⑤ Sammelt die Geschichten in einem Geschichtenheft.

Wortfamilien

① Welche Wörter gehören zu den Wortfamilien? Schreibe auf.

Buchladen

Bücherei

Kaufhaus

verkaufen

Verkäuferin

Lesebuch

Buch

kaufen

② Welche Wörter haben sich hier versteckt?
Markiere die Wortgrenzen, sortiere und schreibe auf.

achtnichtGedichthochNachtrechtsDrachenLicht

 ch wie in Milch

 ch wie in Buch

Der Buchstaben-Fresser

① Lies den Text.

Angefangen hat es damit, dass Claudia im Garten ein Ei fand.
Es war himmelblau, groß und federleicht. Sie brachte es
in den Keller. Dabei fiel es ihr aus der Hand, und die Schale
bekam einen Sprung. Wenn Claudia geahnt hätte,
dass in dem Ei ein Buchstaben-Fresser war,
hätte sie es bestimmt nicht angerührt ...

② Hast du auch schon einmal etwas Seltsames gefunden? Erzähle.

③ Finde die passenden Vorsilben für die Wörter. Setze ein.

> vor   ver   auf   ab   ein   weg   auf

„Der Buchstaben-Fresser _____tauscht einfach Buchstaben",
erklärte Herr Dill. „Später, wenn er größer ist, wird er die Buch-
staben sogar _____fressen."
„Das kann ich mir nicht _____stellen.
Er kann doch nicht alle Buchstaben _____essen.
Wir müssen uns etwas _____fallen lassen", rief Mama.
„Wir müssen ihn _____bringen", sagte Vater.
„Oder wir lassen ihn von der Polizei _____holen.
Sonst bin ich morgen vielleicht plötzlich ein Kater."

④ Tausche einen Buchstaben. Welches Wort entsteht? Schreibe auf.

Schale ➜

Schule ➜

Hunde ➜

Nase ➜

Die Geschichte vom Löwen, der nicht schreiben konnte

① Erzähle die Geschichte mithilfe der Bilder und Stichwörter.

kann nicht schreiben

Löwin

verliebt

Brief schreiben?

„Neiiiiiin!"

So nicht!

② Erfinde mit deinem Partner ein eigenes Ende und male es auf ein Blatt.

③ Erzählt eurer Klasse das Ende der Geschichte.

④ Spielt die Geschichte nach.

⑤ **Lies den Brief.**
Hilf dem Löwen und prüfe mit den Sternen.
Male den Stern in der richtigen Farbe an.

EILT

WICHTIG

Die Geschichte vom Löwen, der nicht schreiben konnte

Liebste
~~Libste~~ ☆ Freundin.

Jetzt kann ich dir schreiben. Du bist so tol / toll ☆ .

Ich möchte vil / viel ☆ mit dir zusammen sein.

Unter den Bäumen / Beumen ☆

wollen wir faul liegen / ligen ☆

und einfach in den Himmel guken / gucken ☆ .

Ich vermisse dich.

Gruß Löwe

⑥ **Schreibe den Brief ab.**

Sternenforscherseite

① Lies den Text.

Leon und Lisa lesen gerne Bücher.
Ihnen gefallen Geschichten, die spannend sind.
In der Bücherei suchen sie sich neue Bücher aus.
Aber Lisa findet nichts. Sie kennt schon alle Bücher.
Der Name von Leons Buch ist:
Die Olchis fliegen in die Schule.
Es gefällt ihm. Er liebt die Streiche der Olchis.

② Ordne die markierten Wörter. Überprüfe.

Wort im Text	Zeichen	Überprüfungswort

③ Markiere diese Wörter oben im Text.

| von | ihm | ihnen |

④ Meine schwierigen Wörter:

Wiederholungsseite

① Ordne nach dem Abc.

vorbei
verlaufen
Wasser
Vampir

② Schlage in der Wörterliste nach und schreibe richtig auf.
Schreibe auch die Seitenzahl auf, auf der du das Wort gefunden hast.

vir – fier – fir – vier   S.

nichs – nichts – nichtz   S.

jezt – jetz – jetzt   S.

③ Bilde mit den Vorsilben viele neue Wörter. Schreibe auf.

an		suchen
auf		fahren
ab		lesen
vor		schreiben
ver		lachen
weg		holen
aus		bringen

④ Markiere die Wortgrenzen. Unterstreiche alle Wörter mit **ch** wie in **Buch**.

MärchennichtwachdichsuchtKochweichDachleichtKrach

Freizeitspaß

① Erzähle. Sommer Herbst Frühling Winter

② Schreibe die vier Jahreszeiten unter die Bilder.

③ Was machst du alles im ?
Schreibe auf.

④ Felix hat ein Jahreszeitenbild beschrieben. Lies den Text.

Viele Leute gehen im Park spazieren. Dort blühen
bunte Tulpen. Zwei Jungen spielen im Sandkasten.
Sie bauen einen Schneemann aus. Daneben sitzt
eine Frau auf der Bank und liest Zeitung.
Auf einem Teich schwimmen Enten. Ein Mann füttert sie.
Auf dem Weg davor flitzen zwei Mädchen auf ihren Rollern.
Sie überholen gerade einen Mann mit einem Kinderwagen.

⑤ Welche Jahreszeit ist es?

Es

⑥ Welcher Satz passt nicht? Unterstreiche.

⑦ Sucht euch eine andere Jahreszeit aus und beschreibt das Bild.
Ein Satz soll nicht zu dieser Jahreszeit passen.

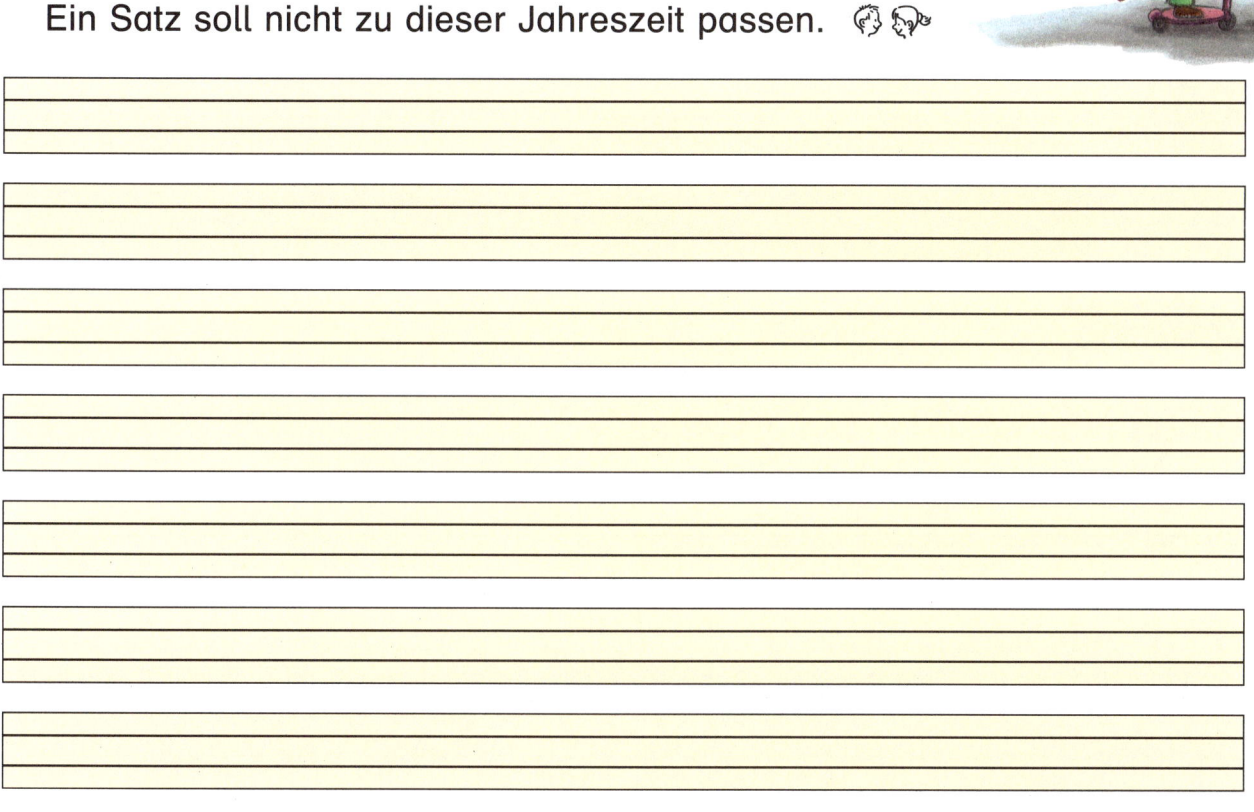

⑧ Lest die Beschreibungen vor. Findet die Fehlersätze.

Treppensätze

Sätze kann man verlängern.

① Lies die Sätze.
   Markiere das, was in jedem Satz dazukommt.

Die Kinder spielen.
Die Kinder spielen im Winter.
Die Kinder spielen im Winter auf dem See.
Die Kinder spielen im Winter auf dem See Eishockey.

② Verlängere diese Sätze.

eine Hütte

im Herbst

im Wald

Tim baut.

Tim baut _____

Tim baut _____ _____

Tim baut _____ _____ _____.

Fische

im Sommer

im See

Bu angelt.

Bu angelt _____.

Bu angelt _____ _____.

Bu angelt _____ _____ _____.

③ Vergleicht eure Sätze. Gibt es Unterschiede?

④ Schreibe eigene Treppensätze.

Monate

① Schreibe die Monatsnamen in der richtigen Reihenfolge auf.

1 _____   7 _____

2 _____   8 _____

3 _____   9 _____

4 _____   10 Oktober _____

5 _____   11 _____

6 _____   12 _____

② Lies die Sätze. Was stimmt hier nicht?
Unterstreiche die Fehler und schreibe die Sätze richtig ins Heft.

Der erste Monat im Jahr ist der September.

Im Dezember ist Frühlingsanfang,

und die ersten Krokusse blühen im Garten.

Das Wetter im Juli macht oft, was es will.

Aber im November ist es manchmal schon sehr warm,

da freuen wir uns dann schon auf den Sommer.

Im Oktober beginnen endlich die großen Sommerferien.

Ab Januar kommen wir ins dritte Schuljahr.

③ Wann genau hast du Sommerferien?

Zeitvertreib

① Lies den Text.
Unterstreiche die Wochentage.

Jannik hat endlich Ferien. Er will ganz viel unternehmen.
Am Dienstag und Donnerstag geht er vormittags
zum Computerkurs.
Am Montag spielt er nachmittags im Jugendzentrum
beim Tischtennisturnier mit. Mit seinen Freunden
hat er sich am Mittwoch im Schwimmbad verabredet.
Bei schönem Wetter wollen sie bis abends bleiben.
Am Freitag kann er sich nichts vornehmen,
weil er zum Augenarzt in die Stadt fahren muss.
Auf das Wochenende freut sich Jannik besonders.
Seine Eltern bringen ihn am Samstag bereits mittags
zu den Großeltern. Er schläft nachts dort,
denn am Sonntag fahren sie schon
ganz früh morgens in den Freizeitpark.

② Schreibe die Wochentage in der richtigen Reihenfolge untereinander.
Trage ein, was Jannik an diesen Tagen tun will.

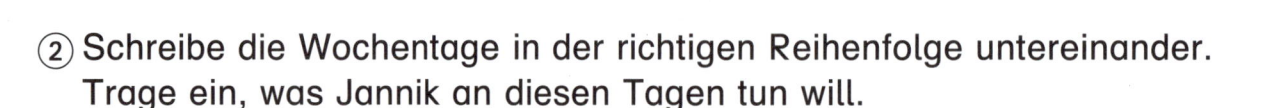

Montag	Tischtennisturnier

③ Schreibe aus Janniks Geschichte die Tageszeiten heraus.

vormittags,

④ Jannik informiert sich im Internet, was im Freizeitpark angeboten wird. Erzähle.

8:30 Uhr – Kinderschminken

11:00 Uhr – Tierschau

12:00 Uhr – Flohzirkus

15:30 Uhr – Ritter-Turnier

18:00 Uhr – Zauber-Show

23:45 Uhr – Feuerwerk

Im Internet finde ich wichtige Informationen.

⑤ Übertrage die Aktionen in den Tagesplan. Ergänze die Tageszeit.

Uhrzeit	Tageszeit	Aktion
8:30 Uhr	morgens	Kinderschminken
	vormittags	

Spiele im Freien

① Nele spielt mit ihren Freundinnen und Freunden Verstecken.
Erzähle.

Eins, zwei, drei, vier Eckstein,
alles muss versteckt sein.
Hinter mir und vor mir gilt nicht.
1, 2, 3, … 19, 20!
Ich komme!

② Nele muss die anderen Kinder suchen.
Wo haben sie sich versteckt?

Alina sitzt **hinter** der Wippe.

Miriam klettert _____ den Baum.

Tom liegt _____ Sandkasten.

_____ dem Baum hockt Leon.

Lotta krabbelt _____ die große Röhre.

Wladi versteckt sich _____ der Rutsche.

unter

auf

hinter

im

in

neben

③ Wo ist Bu?

_____

④ Wo sitzt Kari?
Ergänze die Sätze und verwende die folgenden Wörter:

| vor | unter | hinter | neben |

 Kari sitzt [ ] dem [ ] .

 Kari sitzt [ ] dem [ ] .

 Kari sitzt [ ] dem [ ] .

 Kari sitzt [ ] dem [ ] .

⑤ Wohin fliegt Bu?
Ergänze die Sätze und verwende die folgenden Wörter:

| in | über | vor | auf |

 Bu fliegt 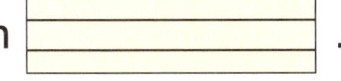 den [ ] .

 Bu fliegt 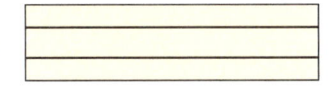 den 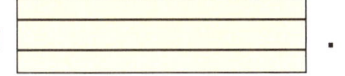 .

 Bu fliegt 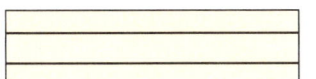 den [ ] .

 Bu fliegt 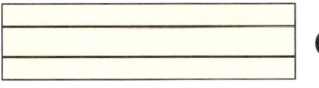 den 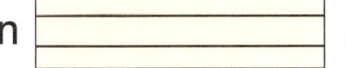 .

⑥ Welche Spiele kennst du noch? Beschreibe.

Sternenforscherseite

① Lies den Text.

Nele hat im November Geburtstag.
Sie wird sieben Jahre alt und darf vier Kinder einladen.
Am Samstag möchte Nele die Einladungen schreiben.
Mamas Freund hilft ihr dabei. Neles kleiner Bruder
ist ganz neidisch. Er hat erst viel später Geburtstag.
Mama schaut in den Kalender und tröstet ihn.
Bis Mai dauert es noch so lange.

② Ordne die markierten Wörter. Überprüfe.

Wort im Text	Zeichen	Überprüfungswort
	⭐	
	⭐	
	⭐	
	⭐	

③ Markiere diese Wörter  oben im Text.

| Mai | Jahre | vier | November |

④ Meine schwierigen Wörter:

Wiederholungsseite

① Welcher Wochentag ist es? Fülle die Tabelle aus.

gestern war	heute ist	morgen ist
	Dienstag	
	Freitag	
		Donnerstag
Samstag		

② Suche zu jedem Kalenderblatt einen Monatsnamen.

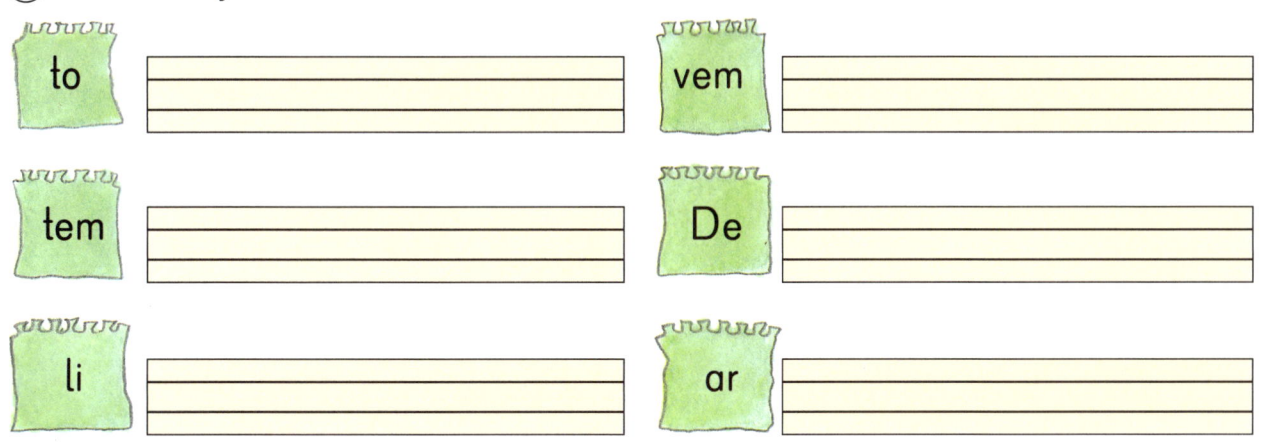

③ Suche das Helferwort und ergänze. Male den Stern passend an.

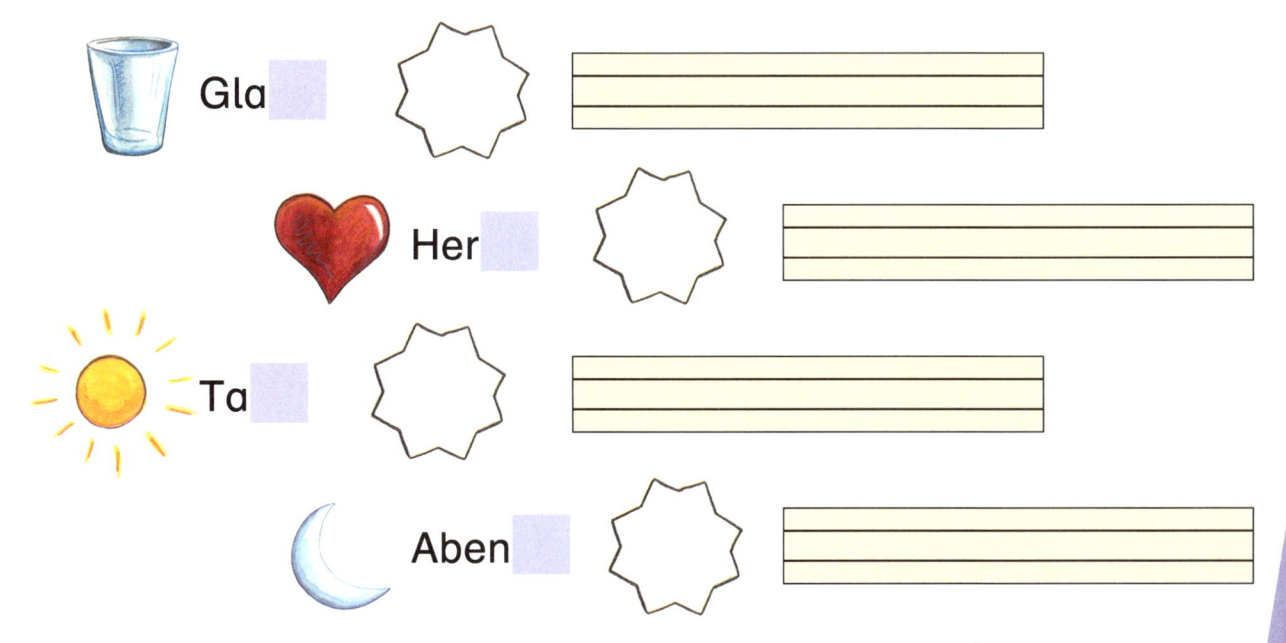

Medien

① Erzähle.

Such mal

Me di en

Das alles nennt man Medien.

Kalifo Nr. 5

EXTRA

DAS IST DAS Autos

② Was gibt es in deiner Familie? Frage nach.

③ Was nutzt du?

④ Wofür nutzt man diese Dinge? Kreuze an.

	spielen / Unterhaltung	sich informieren	miteinander sprechen
Handy Telefon			
Kinder-zeitschrift			
Fernseher			
Computer			
Sachbuch			
Spiel-konsole			
Radio			
CD-Player MP3-Player			
DVD-Player			

⑤ Vergleicht eure Ergebnisse.

Fernsehen

① Erzähle.

Freitag	Samstag	Sonntag
8:00 Sesamstraße	8:00 Sesamstraße	8:00 Willi wills wissen
8:30 Heidi	8:30 Huhu Uhu	8:25 Marcelino
8:50 Morgen OLI	8:40 Marcelino	8:45 Kleiner roter Traktor
9:00 Zigby, das Zebra	10:00 Tanzalarm!	9:15 logo!
9:45 Mit-Mach-Mühle	10:25 Tikis Band	9:45 Siebenstein
10:00 Schloss Einstein	10:35 OLI's wilde Welt	10:35 Die Hydronauten
11:00 Familie Superschlau	11:05 Bernd das Brot	10:55 Löwenzahn

② Funda darf am Samstag von 10 Uhr bis 11 Uhr fernsehen.
Was kann sie sehen? Schreibe auf.

③ Welche Sendung siehst du am liebsten im Fernsehen?
Wann kommt sie?

④ Lies den Text.

OLI's wilde Welt

OLI's wilde Welt ist eine Tiersendung für Kinder.

Sie kommt jeden Samstag um 10.35 Uhr

im KI.KA und dauert 30 Minuten.

Oli ist ein Löwe. Er möchte einmal

König der Tiere werden. Dafür muss er

natürlich alles über Tiere wissen.

In jeder Folge wird ein anderes Tier vorgestellt.

Oli schreibt alles auf, damit er nichts vergisst.

Das ist meine Lieblingssendung.

Das ist eine Wissenssendung.

Wissen

⑤ Beschreibe deine Lieblingssendung. Stelle sie vor.

⑥ Schneidet Kindersendungen aus Fernsehzeitschriften aus. Sortiert sie nach Überschriften. Gestaltet ein Plakat.

Spielfilm

Spiel-Show

Zeichentrickfilm

Computer und Internet

① Was gehört zu einem Computer?
Beschrifte.

Rechner Maus Drucker Bildschirm

② Wozu brauche ich diese Teile des Computers?

Maustaste

Ich schreibe eine Geschichte mit den Zeichen

auf der __Tastatur__.

Tastatur

Auf dem _____ sehe ich meine Geschichte.

Mit der _____ bewege ich den Zeiger

auf dem Bildschirm.

Ich klicke mit der _____, wenn ich etwas

verbessern möchte.

Mit dem _____ drucke ich meine Geschichte

auf Papier.

Im _____ kann ich meine Geschichte speichern.

③ Erzähle.

Ich schreibe meiner Oma E-Mails.

Ich schreibe meine Geschichten am Computer

Ich übe Mathe-Aufgaben mit meiner CD-ROM.

Wenn ich ein Buch gelesen habe, beantworte ich dazu Fragen bei Antolin.

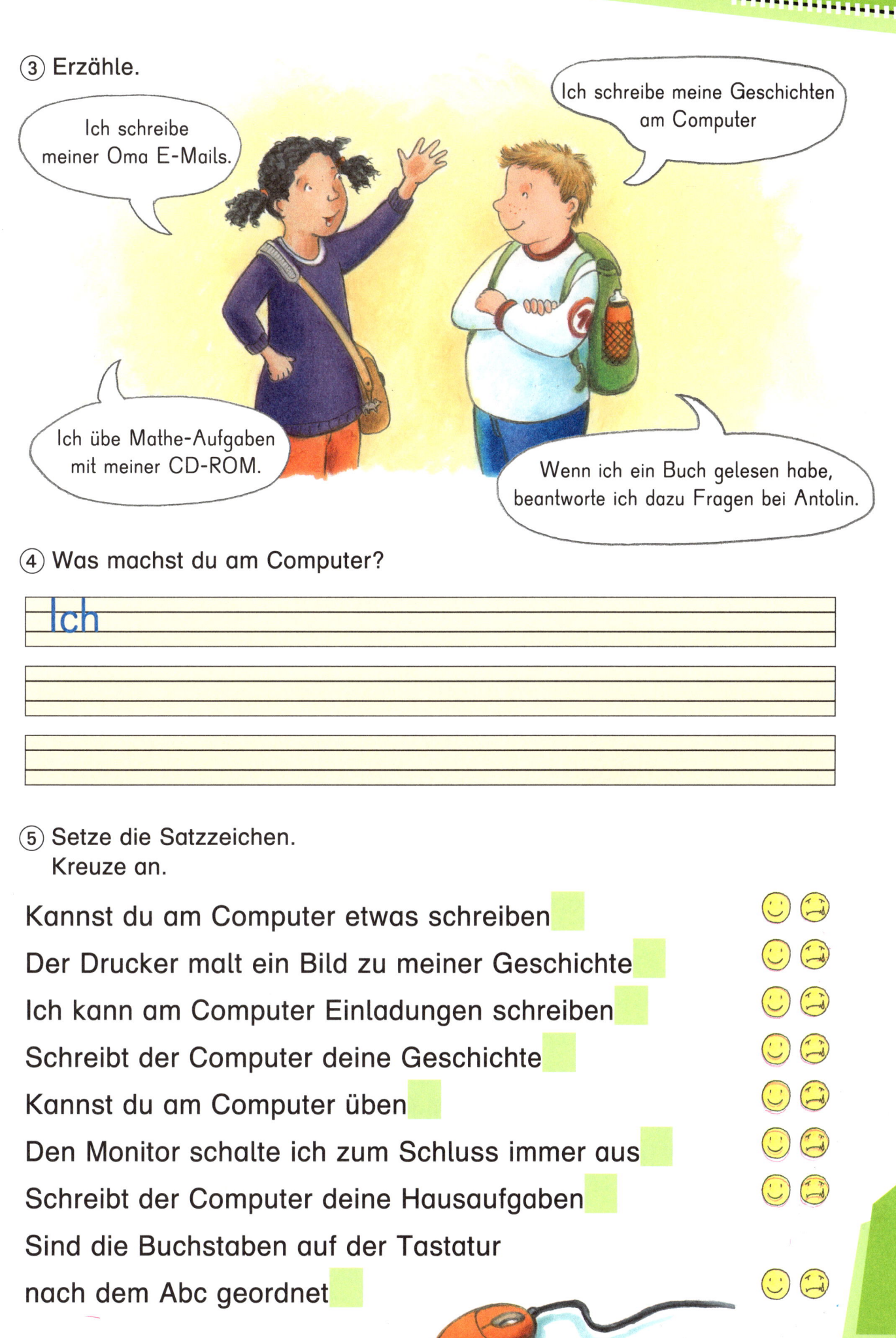

④ Was machst du am Computer?

Ich

⑤ Setze die Satzzeichen.
  Kreuze an.

Kannst du am Computer etwas schreiben

Der Drucker malt ein Bild zu meiner Geschichte

Ich kann am Computer Einladungen schreiben

Schreibt der Computer deine Geschichte

Kannst du am Computer üben

Den Monitor schalte ich zum Schluss immer aus

Schreibt der Computer deine Hausaufgaben

Sind die Buchstaben auf der Tastatur

nach dem Abc geordnet

E-Mail schreiben

① Erzähle.

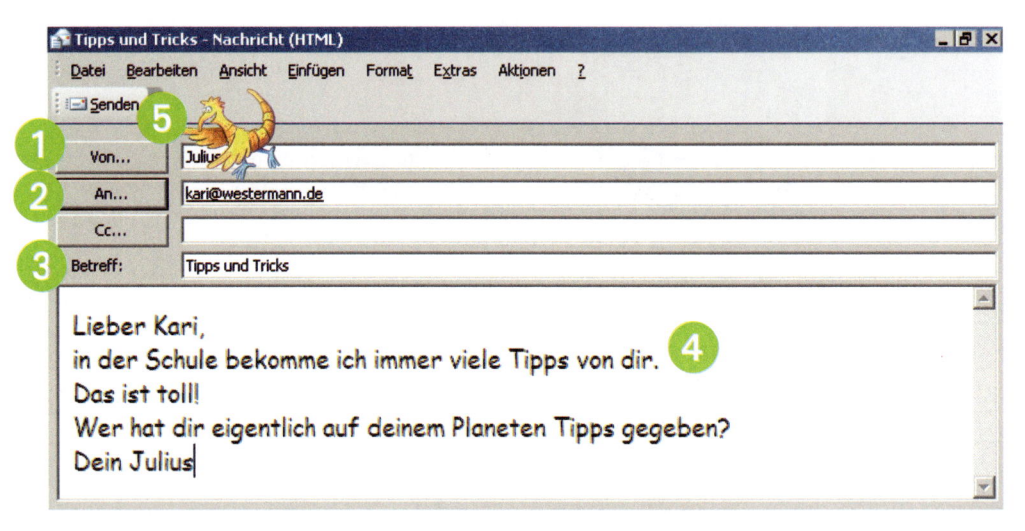

Tipps und Tricks - Nachricht (HTML)

Datei Bearbeiten Ansicht Einfügen Format Extras Aktionen ?

Senden

① Von...   Julius
② An...   kari@westermann.de
Cc...
③ Betreff: Tipps und Tricks

Lieber Kari,
in der Schule bekomme ich immer viele Tipps von dir. ④
Das ist toll!
Wer hat dir eigentlich auf deinem Planeten Tipps gegeben?
Dein Julius

② Schreibe die richtigen Zahlen vor die Sätze.

○ In diesem Feld steht, wohin die E-Mail geschickt werden soll.

○ Zum Schluss klickt man auf dieses Feld, damit die E-Mail verschickt wird.

○ Im Betreff steht, worum es in der E-Mail geht.

○ Hier schreibt man einen Text.

○ Hier steht die Adresse des Absenders.

③ Lies den Text.

In der E-Mail-Adresse steht vorne immer der Benutzername.
Diesen kann sich jeder aussuchen, wenn er sich anmeldet.
Anschließend kommt das @-Zeichen. Es ist englisch
und heißt „at" [et]. Auf deutsch bedeutet es „bei".
Am Ende der Anschrift steht die Abkürzung für ein Land.
Die Abkürzung für Deutschland ist *de, dk* steht für Dänemark.

④ Finde noch andere Länder-Abkürzungen.

⑤ Beantworte die Fragen in ganzen Sätzen.

Was steht vorne in der E-Mail-Anschrift?

Was bedeutet das Zeichen @?

Was bedeuten die beiden Buchstaben *de* am Ende der Anschrift?

⑥ Schreibe @-Zeichen.

⑦ Schreibe eine E-Mail.

Von...	
An...	
Betreff:	

Informationen im Internet suchen

① Die Klasse 2c hat im Internet Informationen zu Vampiren gesucht.
Lies die Sätze und leite die Verben ab.
Fülle die Lücken.

Ein Vampir hän__t an Bäumen und in Höhlen.　hängen

Er ist eine Fledermaus und fän__t Vögel.

Er beißt hinein und trin__t das Blut.

Er brin__t das Blut zu anderen Vampiren.

Ein Vampir sprin__t oft auf dem Boden herum.

② Schreibe die Sätze ab.

③ Schreibe die Verben auf.

hängen		bringen	
ich	hänge	ich	
du		du	
er		er	
wir		wir	

> Hör mal!
> Singt klingt
> wie sinkt.

④ Setze g oder k ein. Achte auf die Bedeutung.

Ein Schiff kann sin__en. Es sin__t bis auf den Meeresgrund.

Kinder können sin__en. Die Klasse 2c sin__t ein Sommerlied.

⑤ Erzähle.

Hilfe!
Mein Computer
ist abgestürzt.
So ein Mist!
Was soll ich nur machen?

⑥ Markiere die Satzschlusszeichen. Was fällt dir auf?

> Am Ende eines **Aussagesatzes** steht ein **Punkt**. .
>
> Am Ende eines **Fragesatzes** steht ein **Fragezeichen**. ?
>
> Am Ende eines **Ausrufesatzes** steht ein **Ausrufezeichen**. !

? . !

⑦ Setze die passenden Satzschlusszeichen ein.

Ben schreit: „Da ist ein tolles Bild vom Vampir   "

Tom ruft: „Das ist doch eine Fledermaus   "

Ben antwortet: „Ein Vampir ist eine besondere Art Fledermaus   "

Tom sagt: „Wir malen ihn ab   "

Ben fragt: „Wo sind deine Buntstifte   "

Tom ruft: „Oh nein, die sind zu Hause   "

Ben meint: „Ach, ich habe ja auch Buntstifte   "

Tom ruft: „Super, dann lass uns anfangen   "

⑧ An welchen Wörtern kannst du erkennen,
dass ein Ausrufezeichen gesetzt werden muss? Unterstreiche.

Sternenforscherseite

① Lies den Text.

Ben und Tom arbeiten am Computer.
Sie suchen etwas über Vampire.
In Amerika gibt es Fledermäuse, die Vampire heißen.
Sie trinken nur Blut von anderen Tieren.
Auf einem Bild hängt eine Fledermaus am Ast.
Sie holen ihre Buntstifte und zeichnen sie ab.
Ben malt noch rote Punkte unter seinen Vampir.
Was soll das wohl sein?

② Ordne die markierten Wörter. Überprüfe.

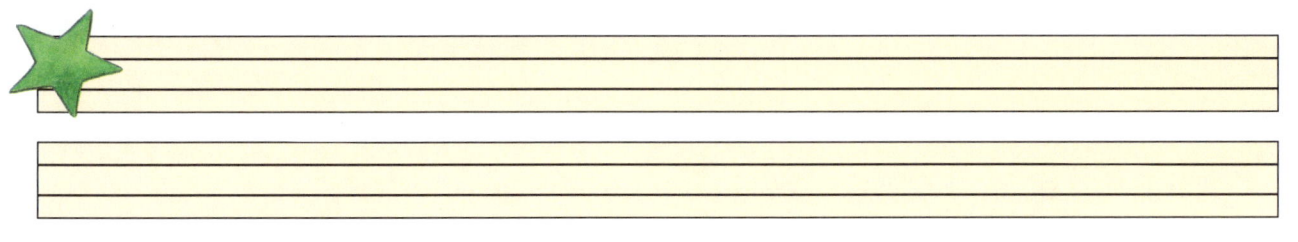

Wort im Text	Zeichen	Überprüfungswort

③ Markiere diese Wörter  oben im Text.

Vampire

Computer   ab   wohl

④ Meine schwierigen Wörter:

Wiederholungsseite

① Suche Wörter und schreibe sie mit Artikel auf.

B	R	D	R	U	C	K	E	R	R
B	I	L	D	S	C	H	I	R	M
C	M	O	C	M	A	U	S	U	S
H	C	O	M	P	U	T	E	R	K
M	A	T	A	S	T	A	T	U	R
M	A	U	S	T	A	S	T	E	T
D	B	N	M	O	N	I	T	O	R

② Setze die fehlenden Satzschlusszeichen ein.

Tom schreit aufgeregt: „Mama, mein Computer ist kaputt "

Sie möchte wissen: „Was hast du denn zuletzt gemacht "

Er brüllt laut: „Ich wollte bei Antolin Fragen beantworten "

Sie ruft: „Schrei mich nicht so an "

Tom sagt leise: „Dann ist es schwarz geworden "

Mutter schaltet den Computer aus und startet ihn neu

Tom fragt sich: „Warum habe ich das nicht versucht "

③ Schreibe zu den Verben die ich-, du- und er-Form in dein Heft.

singen   trinken   schwingen   bringen   schwenken

Andere Länder – andere Sprachen

① Aus welchen Ländern kommen die Kinder? Verbinde mit den Flaggen.

② Kennst du Wörter aus anderen Sprachen? Vergleiche.

③ Welche Sprachen werden in deiner Klasse gesprochen?

④ Andere Länder – andere Sitten: In vielen Ländern begrüßt man sich nicht nur mit Worten, sondern auch mit dem Körper. Beschreibe.

Frankreich   Japan   Mexiko   Grönland

⑤ Wie begrüßt ihr euch untereinander?
Wie begrüßt ihr euch in euren Familien?
Erzähle.

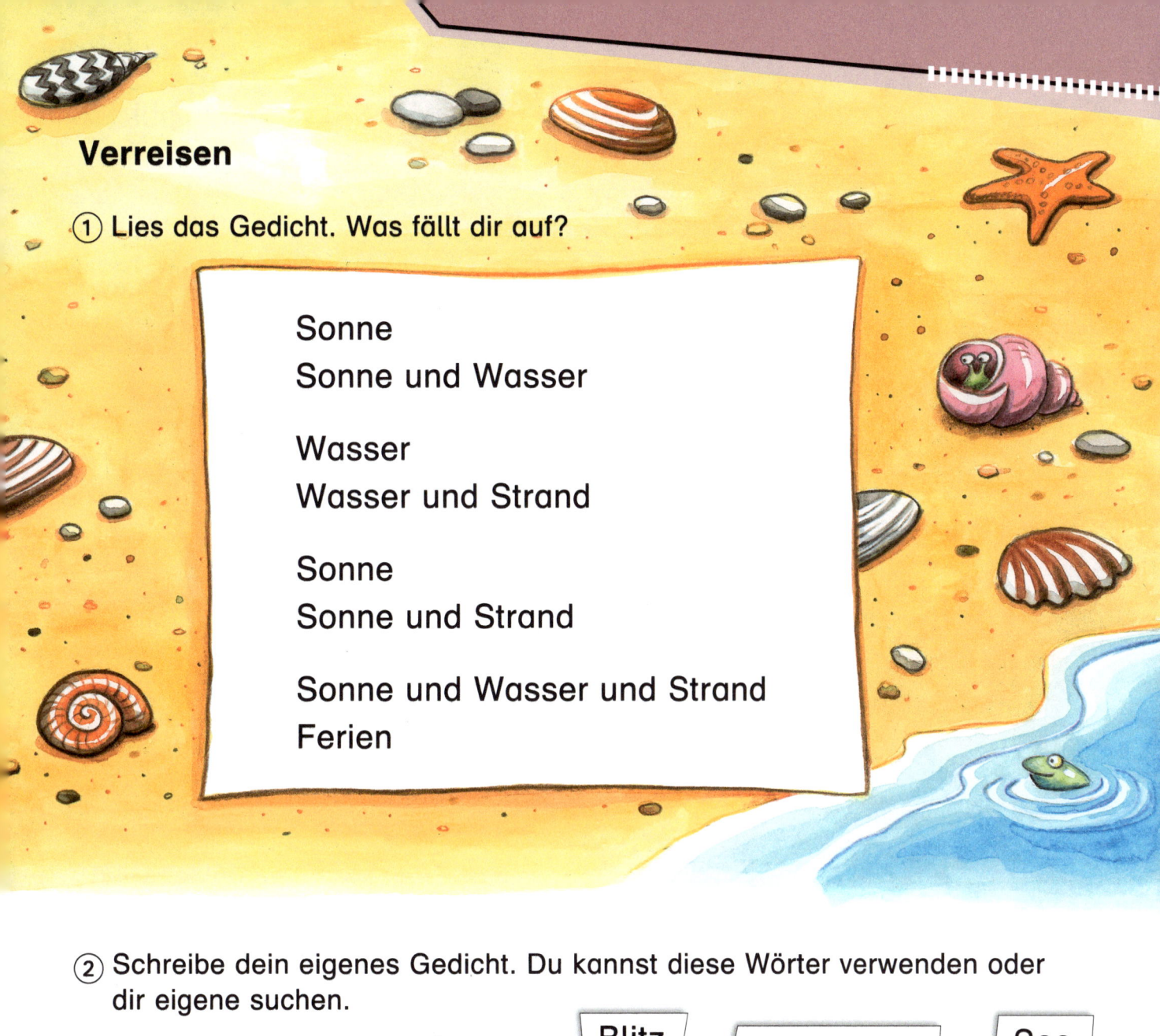

Verreisen

① Lies das Gedicht. Was fällt dir auf?

> Sonne
> Sonne und Wasser
>
> Wasser
> Wasser und Strand
>
> Sonne
> Sonne und Strand
>
> Sonne und Wasser und Strand
> Ferien

② Schreibe dein eigenes Gedicht. Du kannst diese Wörter verwenden oder dir eigene suchen.

Berge Blitz Lagerfeuer See Spanien Wellen Regen Meer Zelt Kanu

_____

_____ und _____

_____

_____ _____ _____

_____

_____ _____ _____

_____ und _____ und _____

_____

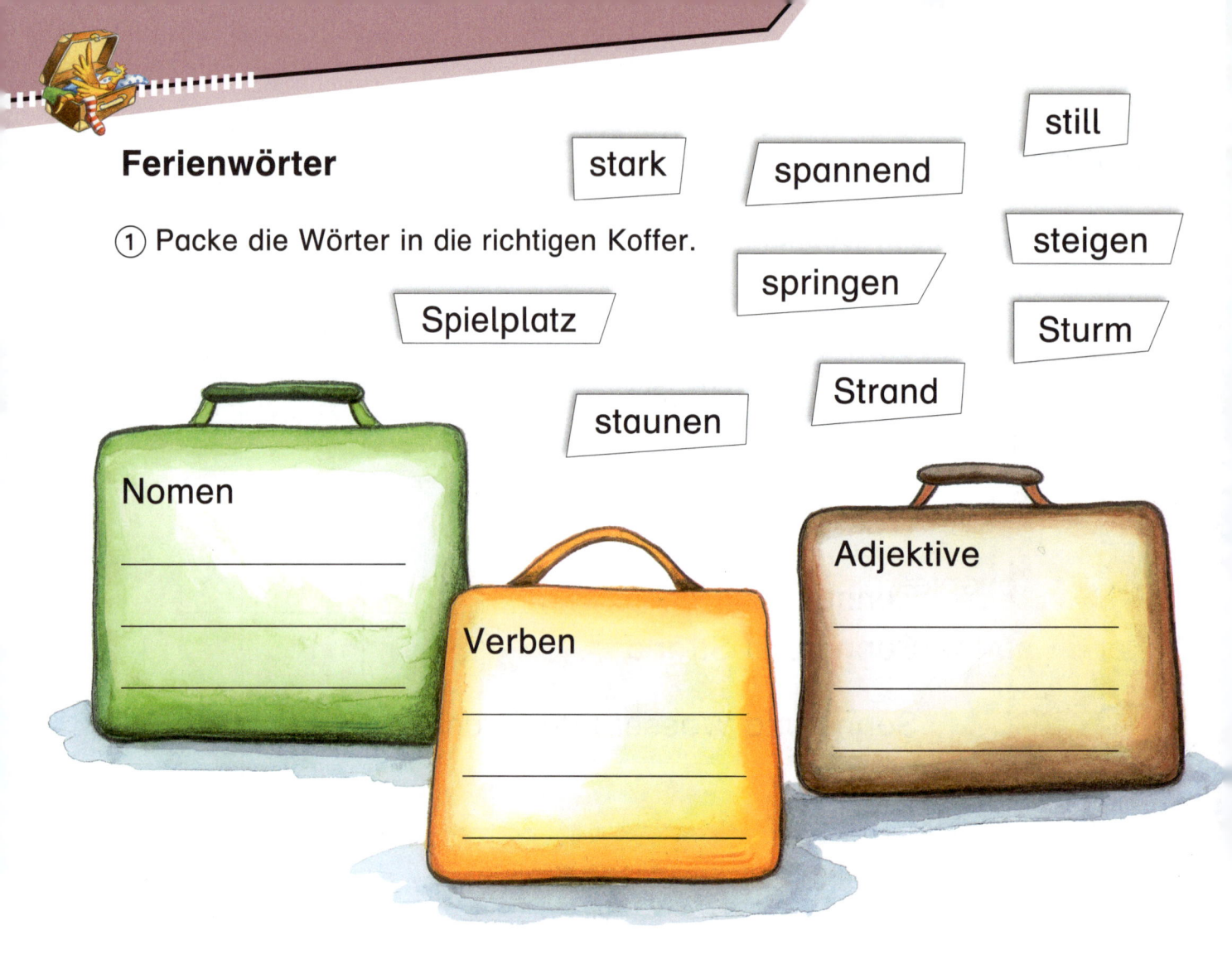

Ferienwörter

stark

spannend

still

steigen

① Packe die Wörter in die richtigen Koffer.

springen

Spielplatz

Sturm

Strand

staunen

Nomen

_____

_____

_____

Verben

_____

_____

_____

Adjektive

_____

_____

② Du willst mit Bu eine Reise auf dem fliegenden Teppich machen.
Packe verrückte Dinge in deinen Koffer. Schreibe auf.

③ Denke dir eine Geschichte zu den Gegenständen aus dem Koffer aus.
Erzähle sie deinem Nachbarn.
Kommen alle Dinge aus deinem Koffer in deiner Geschichte vor?

④ Schreibe deine Geschichte auf.

Ferienwörter

① Finde die Wörter mit **Qu qu**.

Frösche hört man ...

Kreuz und ...

Ein Tier aus dem Meer:

Ein besonderes Rechteck:

Ein Kartenspiel:

Ferkel hört man ...

Ein Rätsel:

Rauch:

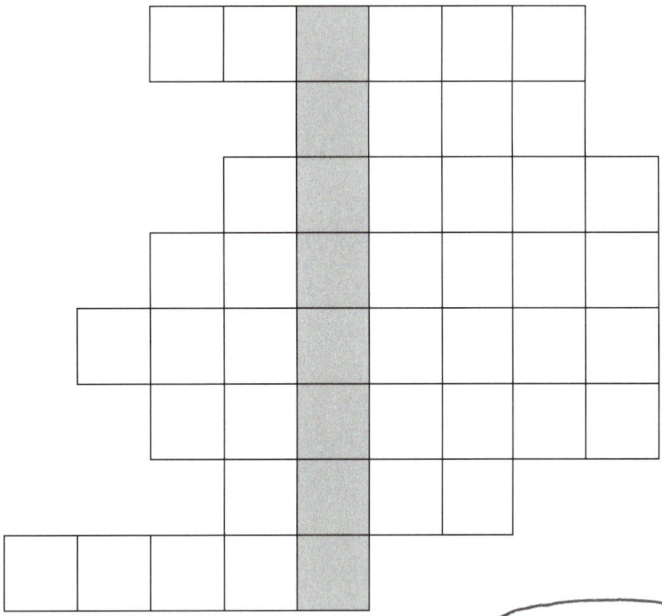

Lösung: _____

> Ich höre kw und schreibe qu.

② Reimwörter mit **Qu qu**. Schreibe auf.

Halle — Qualle

Halm —

Matsch —

Welle —

Park —

schwer —

Haken —

rasseln —

③ Schreibe mit jedem **Qu qu** Wort einen Satz.

Traumreisen

① Lies das Gedicht.
Es heißt Elfchen. Warum?

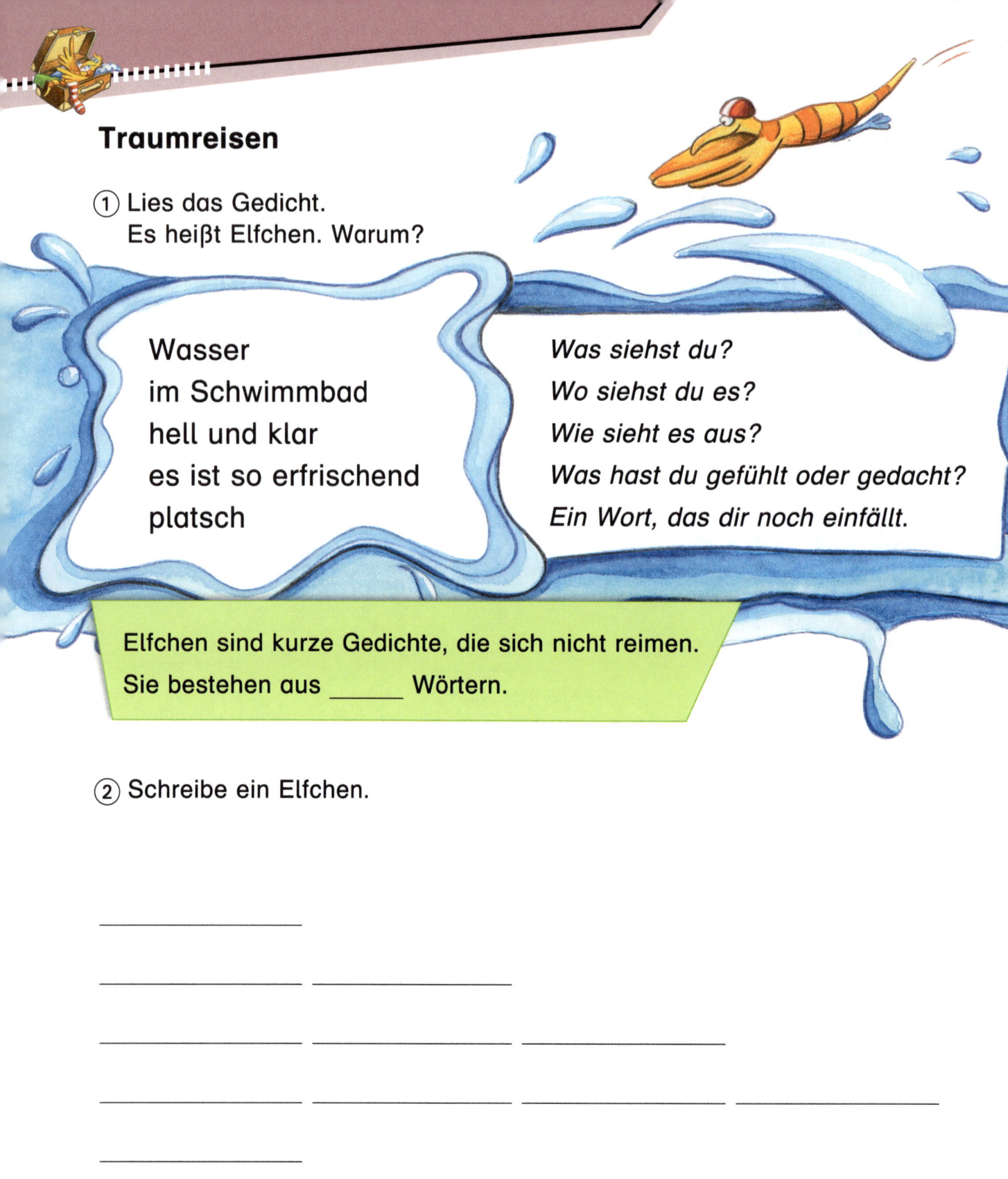

Wasser
im Schwimmbad
hell und klar
es ist so erfrischend
platsch

Was siehst du?
Wo siehst du es?
Wie sieht es aus?
Was hast du gefühlt oder gedacht?
Ein Wort, das dir noch einfällt.

Elfchen sind kurze Gedichte, die sich nicht reimen.
Sie bestehen aus _____ Wörtern.

② Schreibe ein Elfchen.

_____

_____ _____

_____ _____ _____

_____ _____ _____ _____

_____

③ Gestalte dein Elfchen mit einem schönen Rahmen.

④ Trage dein Elfchen vor.

Zungenbrecher

① Lies die Zungenbrecher.

Markiere `Pf` `pf`.

Pferde mampfen dampfende Äpfel.
Dampfende Pferdeäpfel mampft niemand.

Markiere `Sp` `sp`.

Der Spitz und der Pudel tranken spritzigen Sprudel.
Spritzigen Sprudel tranken der Spitz und der Pudel.

Markiere `V` `v`.

Vier Vögel verzehren auf Vaters Veranda vier Oliven.
Vier Oliven werden von vier Vögeln auf Vaters Veranda verzehrt.

② Suche dir einen Zungenbrecher aus.
   Übe ihn und trage ihn auswendig vor.

③ Trage die Wörter mit `V` `v` in die Tabelle ein.

Vater   Pullover   Vulkan   oval

voll   von   violett   vielleicht   Olive

brav

v wie [f]	v wie [w]
von	

Postkarten schreiben

① Lies die Postkarte.

Büsum, den 3.7.2010

Hallo Max,
viele Grüße aus Büsum.
Hier ist es sehr warm.
Wir gehen jeden Tag an den Strand.
Zum Glück gibt es hier keine Quallen.
Ich kann schon gut schwimmen.
Viele Grüße
dein Hanno

An
Max Meier
Kleine Straße 2

30161 Hannover

> Eine Postkarte besteht aus zwei Teilen:
> Anschrift mit Name, Straße und Hausnummer,
> Postleitzahl und Wohnort.
> Text mit Ort und Datum, Anrede, Gruß und Name.

② Beantworte die Fragen.

Wer hat die Postkarte geschrieben?

Wo wohnt Max?

Wo ist Hanno?

Wann war Hanno an der Nordsee?

③ Schreibe eine Postkarte. Gestalte eine Briefmarke.

④ Sammle Adressen.
Falte ein Buch und schreibe die Adressen hinein.

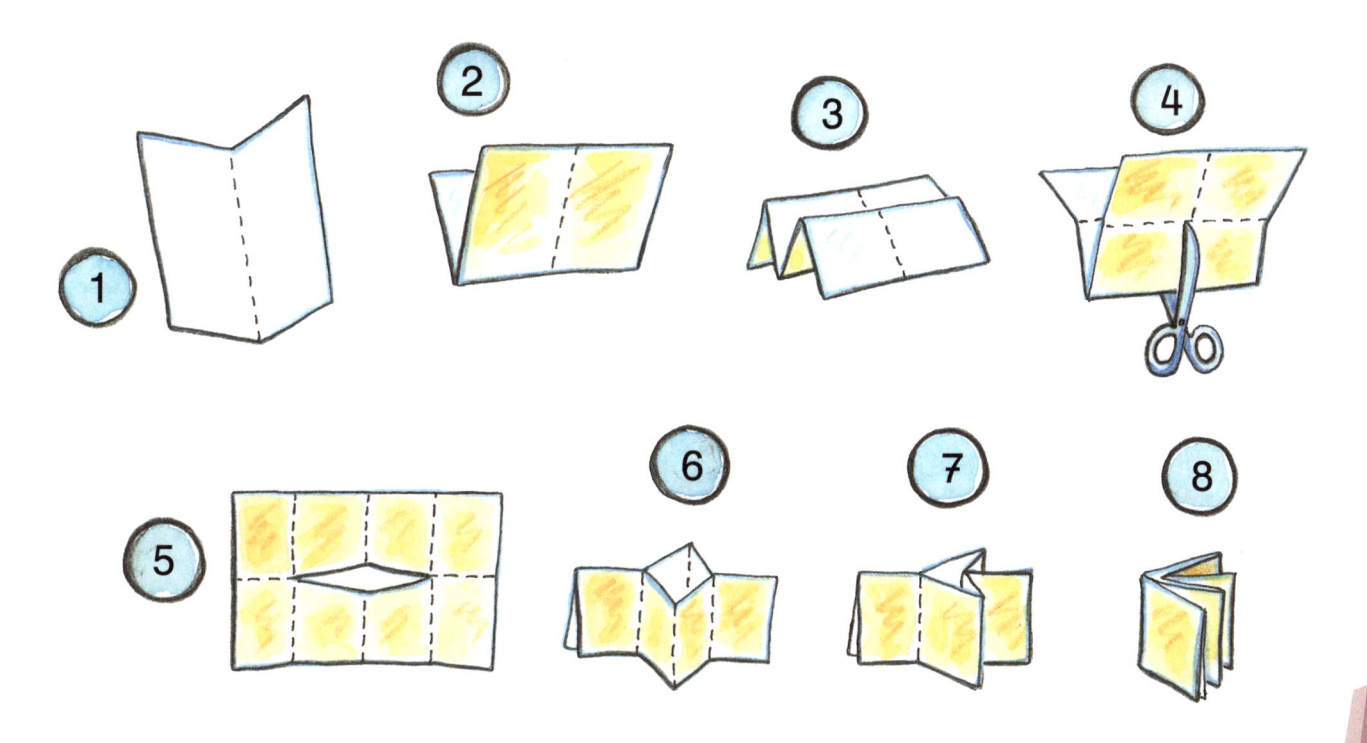

⑤ Gestalte dein Adressbuch.

Sternenforscherseite

1 Lies den Text.

Ina **freut** sich, denn bald sind große Ferien.
Sie **muss** keine Hausaufgaben mehr machen.
Sie darf **länger fernsehen** und viel spielen.
Morgens möchte sie immer lange schlafen.
Dann **steht** sie spät auf und freut sich über den freien Tag.
Das Ende der Ferienzeit **verbringt** sie auf einem **Pferdehof**.
Dort darf sie die Pferde **pflegen** und auf ihnen reiten.

2 Ordne die markierten Wörter. Überprüfe.

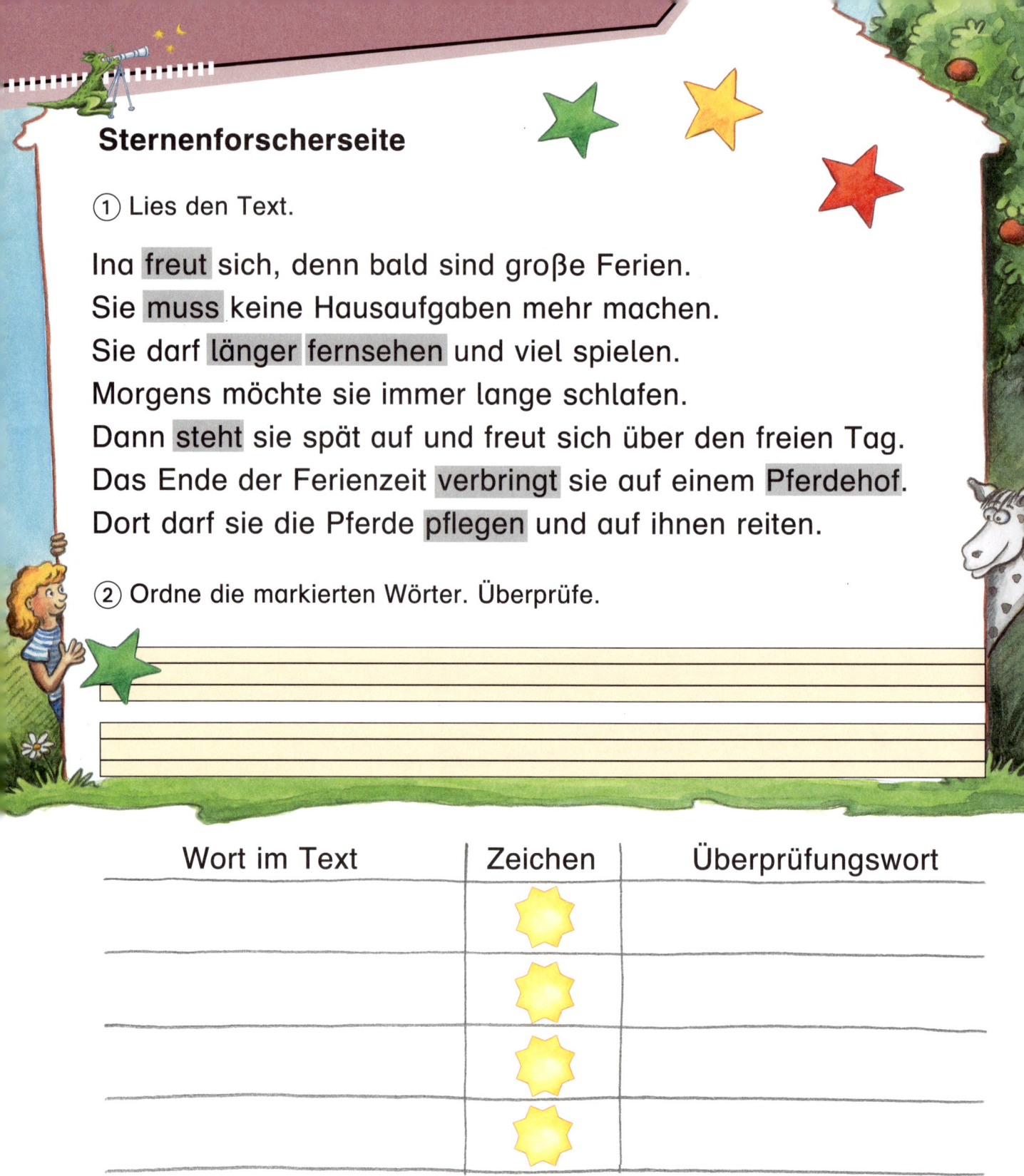

Wort im Text	Zeichen	Überprüfungswort
	⭐	
	⭐	
	⭐	
	⭐	

3 Markiere diese Wörter ⭐ oben im Text.

| mehr | bald | denn | spät |

4 Meine schwierigen Wörter:

Wiederholungsseite

① Unterstreiche alle Nomen, Verben und Adjektive.

Das Wasser
Das kalte Wasser
Das kalte frische Wasser
Das kalte frische klare Wasser
Das kalte frische klare Wasser schmeckt gut.

② V v oder F f ? Schlage in der Wörterliste nach.

Kla_ier   _liegen   _ertig

_rühling   _ersteck   el_

③ Pf pf oder F f ? Schlage in der Wörterliste nach.

_eifen   _enster   _effer

_erde   _reund   _rech

④ Sortiere die Wörter nach dem Abc.

quatschen

quasseln   quietschen   quetschen

⑤ Schreibe deine Adresse auf.

Wörterliste

A

ab

die **Adresse**, die Adressen

der **Affe**, die Affen

alle

alles

als

die **Ameise**, die Ameisen

die **Ampel**, die Ampeln

der **Apfel**, die Äpfel

der **April**

arbeiten, er arbeitet

der **Ast**, die Äste

aufpassen, er passt auf

der **August**

das **Auto**, die Autos

B

bald

der **Ball**, die Bälle

die **Banane**, die Bananen

der **Bär**, die Bären

basteln, er bastelt

der **Bauch**, die Bäuche

der **Baum**, die Bäume

der **Becher**, die Becher

beide

das **Bein**, die Beine

das **Bett**, die Betten

die **Biene**, die Bienen

das **Bild**, die Bilder

die **Birne**, die Birnen

das **Blatt**, die Blätter

bleiben, er bleibt

blühen, es blüht

die **Blume**, die Blumen

das **Boot**, die Boote

der **Brief**, die Briefe

das **Brot**, die Brote

der **Bruder**, die Brüder

das **Buch**, die Bücher

die **Bücherei**

die **Burg**, die Burgen

die **Butter**

C

der **Clown**, die Clowns

der **Computer**, die Computer

D

danken, er dankt

dann

denken, sie denkt

denn

der **Dezember**

dort

die **Dose**, die Dosen

der **Drachen**, die Drachen

draußen

drei

das **Dreirad**, die Dreiräder

dürfen, sie darf

E

das **Ei**, die Eier

das **Eis**

der **Elefant**, die Elefanten

elf

endlich

die **Ente**, die Enten

die **Erbse**, die Erbsen

die **Erdbeere**, die Erdbeeren

erfinden, er erfindet

erzählen, sie erzählt

der **Esel**, die Esel

essen, sie isst

die **Eule**, die Eulen

F

fahren, er fährt

das **Fahrrad**, die Fahrräder

fallen, es fällt

die **Familie**, die Familien

der **Februar**

die **Feder**, die Federn

die **Fee**, die Feen

feiern, sie feiert

das **Feld**, die Felder

das **Fell**, die Felle

das **Fenster**, die Fenster

der **Fernseher**, die Fernseher

fertig

fix

fliegen, sie fliegt

die **Flöte**, die Flöten

der **Fluss**, die Flüsse

die **Frau**, die Frauen

frech

der **Freund**, die Freunde

die **Freundin**, die Freundinnen

der **Frühling**

der **Fuchs**, die Füchse

der **Fuß**, die Füße

G

die **Gabel**, die Gabeln

ganz

der **Garten**, die Gärten

der **Geburtstag**, die Geburtstage

gefährlich

gefallen, es gefällt

geheim

gehen, sie geht

das **Gemüse**

gern

das **Geschenk**, die Geschenke

die **Geschichte**, die Geschichten

das **Gespenst**, die Gespenster

gesund

gießen, er gießt

das Glück

graben, er gräbt

das Gras, die Gräser

groß

gucken, er guckt

die Gurke, die Gurken

H

der Hammer, die Hämmer

der Hase, die Hasen

häufig

das Haus, die Häuser

der Hausmeister, die Hausmeister

das Heft, die Hefte

heißen, er heißt

der Herbst

die Hexe, die Hexen

der Hof, die Höfe

die Höhle, die Höhlen

der Hund, die Hunde

der Hut, die Hüte

I

die Idee, die Ideen

der Igel, die Igel

das Iglu, die Iglus

ihm

ihnen

ihr

immer

die Insel, die Inseln

J

die Jacke, die Jacken

der Jäger, die Jäger

der Januar

jeder

jemand

jetzt

das Jojo, die Jojos

der Juli

jung

der Juni

K

kalt

das Kamel, die Kamele

die Kartoffel, die Kartoffeln

die Kastanie, die Kastanien

die Katze, die Katzen

kauen, er kaut

kennen, ich kenne

die Kerze, die Kerzen

das Kind, die Kinder

die Kirsche, die Kirschen

die Kiste, die Kisten

die Klasse, die Klassen

das Klavier, die Klaviere

das Kleid, die Kleider

klettern, er klettert

knabbern, sie knabbert

der **Koffer**, die Koffer

der **Kohl**

der **König**, die Könige

können, ich kann

der **Korb**, die Körbe

die **Küche**, die Küchen

der **Kuchen**, die Kuchen

die **Kuh**, die Kühe

küssen, er küsst

L

lachen, sie lacht

lassen, sie lässt

der **Lastwagen**, die Lastwagen

die **Laus**, die Läuse

lecker

der **Lehrer**, die Lehrer

die **Lehrerin**, die Lehrerinnen

die **Leute**

lieb, lieber

lieben, er liebt

das **Lied**, die Lieder

liegen, er liegt

der **Löffel**, die Löffel

der **Löwe**, die Löwen

M

machen, er macht

der **Mai**

die **Mama**, die Mamas

man

der **Mann**, die Männer

das **Märchen**, die Märchen

der **März**

die **Maschine**, die Maschinen

die **Maus**, die Mäuse

das **Meer**, die Meere

mehr

die **Melone**, die Melonen

der **Mensch**, die Menschen

die **Messe**, die Messen

das **Messer**, die Messer

das **Mikroskop**, die Mikroskope

das **Mofa**, die Mofas

möglich

die **Möhre**, die Möhren

der **Monat**, die Monate

das **Motorrad**, die Motoräder

der **Mund**, die Münder

die **Murmel**, die Murmeln

müssen, er muss

die **Mutter**, die Mütter

N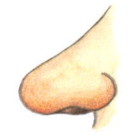

die **Nacht**, die Nächte

die **Nase**, die Nasen

das **Nashorn**, die Nashörner

nass

neu

neugierig, neugierige

nicht

nichts

der **November**

die **Nudel**, die Nudeln

O

der **Ofen**, die Öfen

öffnen, sie öffnet

oft

der **Oktober**

die **Oma**, die Omas

der **Orden**, die Orden

das **Osterei**, die Ostereier

P

das **Papier**, die Papiere

die **Paprika**, die Paprikas

passen, es passt

der **Pelz**, die Pelze

die **Pfanne**, die Pfannen

der **Pfeffer**

pfeifen, er pfeift

das **Pferd**, die Pferde

die **Pflaume**, die Pflaumen

die **Pfote**, die Pfoten

die **Pfütze**, die Pfützen

der **Pinsel**, die Pinsel

der **Pirat**, die Piraten

das **Plakat**, die Plakate

plötzlich

poltern, sie poltert

die **Prinzessin**, die Prinzessinnen

die **Puppe**, die Puppen

Q

das **Quadrat**, die Quadrate

quaken, er quakt

die **Qualle**, die Quallen

der **Qualm**

der **Quark**

das **Quartett**, die Quartette

quasseln, sie quasselt

die **Quelle**, die Quellen

quer

quieken, es quiekt

das **Quiz**

R

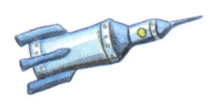

die **Rakete**, die Raketen

der **Räuber**, die Räuber

der **Raum**, die Räume

die **Regel**, die Regeln

der **Ring**, die Ringe

der **Ritter**, die Ritter

der **Roller**, die Roller

S

der **Saft**, die Säfte

der **Salat**, die Salate

das **Schaf**, die Schafe

der **Schatz**, die Schätze

die **Schere**, die Scheren

das **Schiff**, die Schiffe

das **Schloss**, die Schlösser

der **Schlüssel**, die Schlüssel

die **Schnecke**, die Schnecken

der **Schnee**

der **Schrank**, die Schränke

schreiben, sie schreibt

die **Schrift**, die Schriften

die **Schule**, die Schulen

schwitzen, er schwitzt

der **See**, die Seen

sehen, sie sieht

sehr

das **Seil**, die Seile

sein, er ist

der **September**

der **Sessel**, die Sessel

das **Sieb**, die Siebe

sieben

sind

das **Skelett**, die Skelette

das **Sofa**, die Sofas

der **Sommer**

die **Spaghetti**

spannend

der **Spargel**

der **Spaß**, die Späße

spazieren, sie spaziert

der **Spiegel**, die Spiegel

das **Spiel**, die Spiele

spielen, er spielt

der **Sport**

sprechen, er spricht

springen, sie springt

der **Stiefel**, die Stiefel

der **Stift**, die Stifte

die **Straße**, die Straßen

der **Stuhl**, die Stühle

suchen, sie sucht

süß, süße

T

die **Tafel**, die Tafeln

die **Tasche**, die Taschen

die **Tasse**, die Tassen

die **Tatze**, die Tatzen

das **Taxi**, die Taxis

der **Teller**, die Teller

der **Text**, die Texte

das **Tier**, die Tiere

der **Tipp**, die Tipps

der **Tisch**, die Tische

die **Tochter**, die Töchter

toll

die **Tomate**, die Tomaten

das **Tor**, die Tore

tragen, sie trägt

der **Traktor**, die Traktoren

träumen, sie träumt

treffen, sie trifft

die **Treppe**, die Treppen

trinken, er trinkt

die **Tür**, die Türen

U

die **Überraschung**, die Überraschungen

das **Ufo**, die Ufos

der **Uhu**, die Uhus

umziehen, sie zieht um

und

uns

die **Unterhose**, die Unterhosen

V

der **Vampir**, die Vampire

die **Vase**, die Vasen

der **Vater**, die Väter

der **Verkäufer**, die Verkäufer

verschwinden, er verschwindet

das **Versteck**, die Verstecke

verwandeln, sie verwandelt

viel

viele

vielleicht

vier

der **Vogel**, die Vögel

voll

vom

von

vor

vorführen, er führt vor

der **Vorhang**, die Vorhänge

vorlesen, sie liest vor

vorsichtig

vorstellen, er stellt vor

W

die **Waffel**, die Waffeln

der **Wal**, die Wale

der **Wald**, die Wälder

wann

warm

warten, er wartet

weg

der **Weg**, die Wege

wenn

wichtig

wieder

die **Wiese**, die Wiesen

der **Winter**

wohnen, er wohnt

die **Wolke**, die Wolken

wollen, er will

wünschen, er wünscht

X

das **Xylofon**, die Xylofone

Meine schwierigen Wörter

Y

der **Yeti**, die Yetis

das **Ypsilon**, die Ypsilons

Z

der **Zaun**, die Zäune

das **Zebra**, die Zebras

der **Zeh**, die Zehen

das **Zelt**, die Zelte

der **Zettel**, die Zettel

die **Ziege**, die Ziegen

    ziehen, sie zieht

der **Zirkus**, die Zirkusse

die **Zitrone**, die Zitronen

der **Zoo**, die Zoos

    zu

der **Zug**, die Züge

    zum

    zur

    zusammen

der **Zwerg**, die Zwerge

die **Zwiebel**, die Zwiebeln

    zwischen

Texte planen – Schreibziel

Texte planen – Schreibziel

Ideenblitze

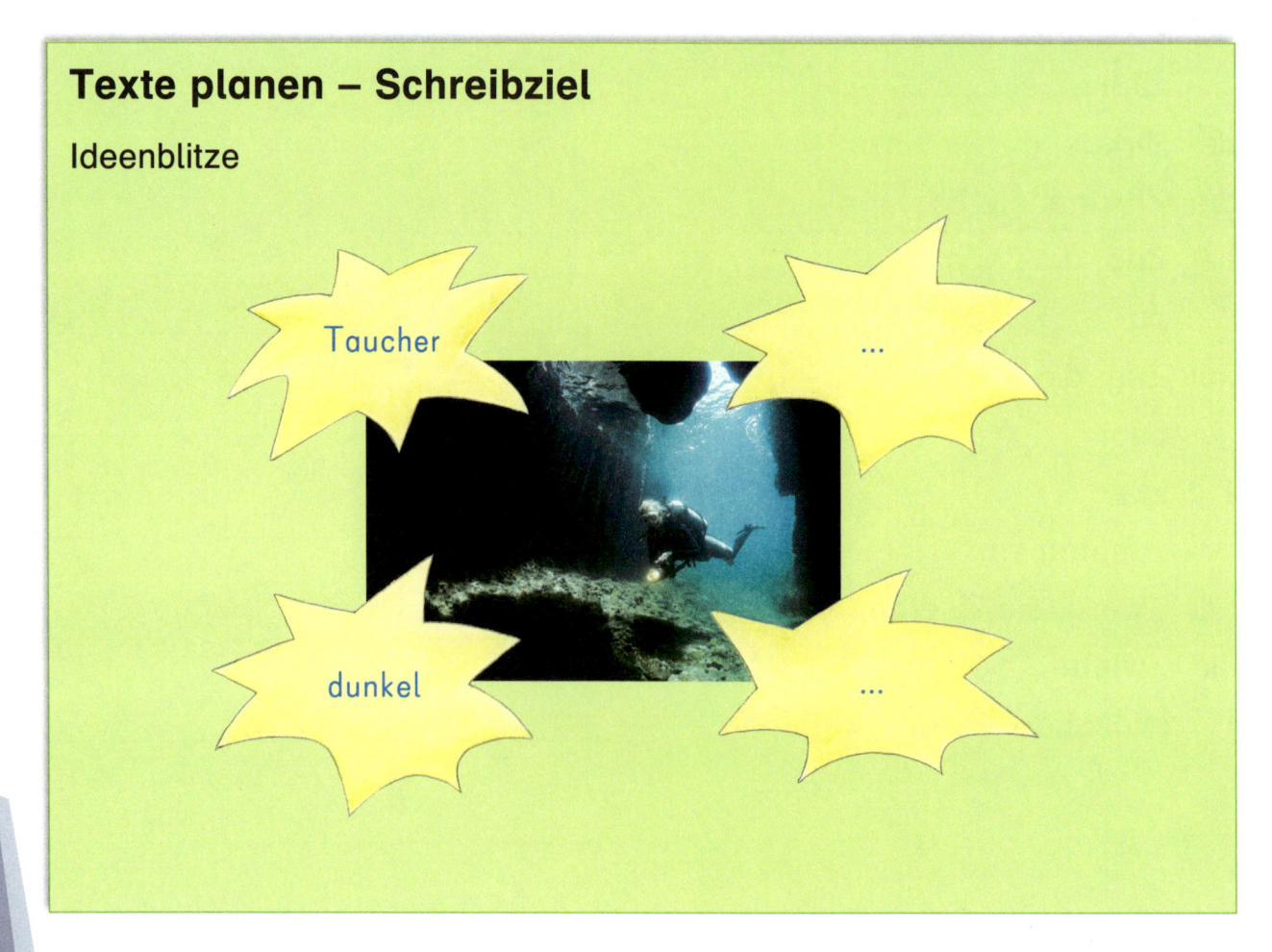

Texte planen – Schreibziel

Koffergeschichten

Texte schreiben – Textaufbau

Texte schreiben – Formulieren

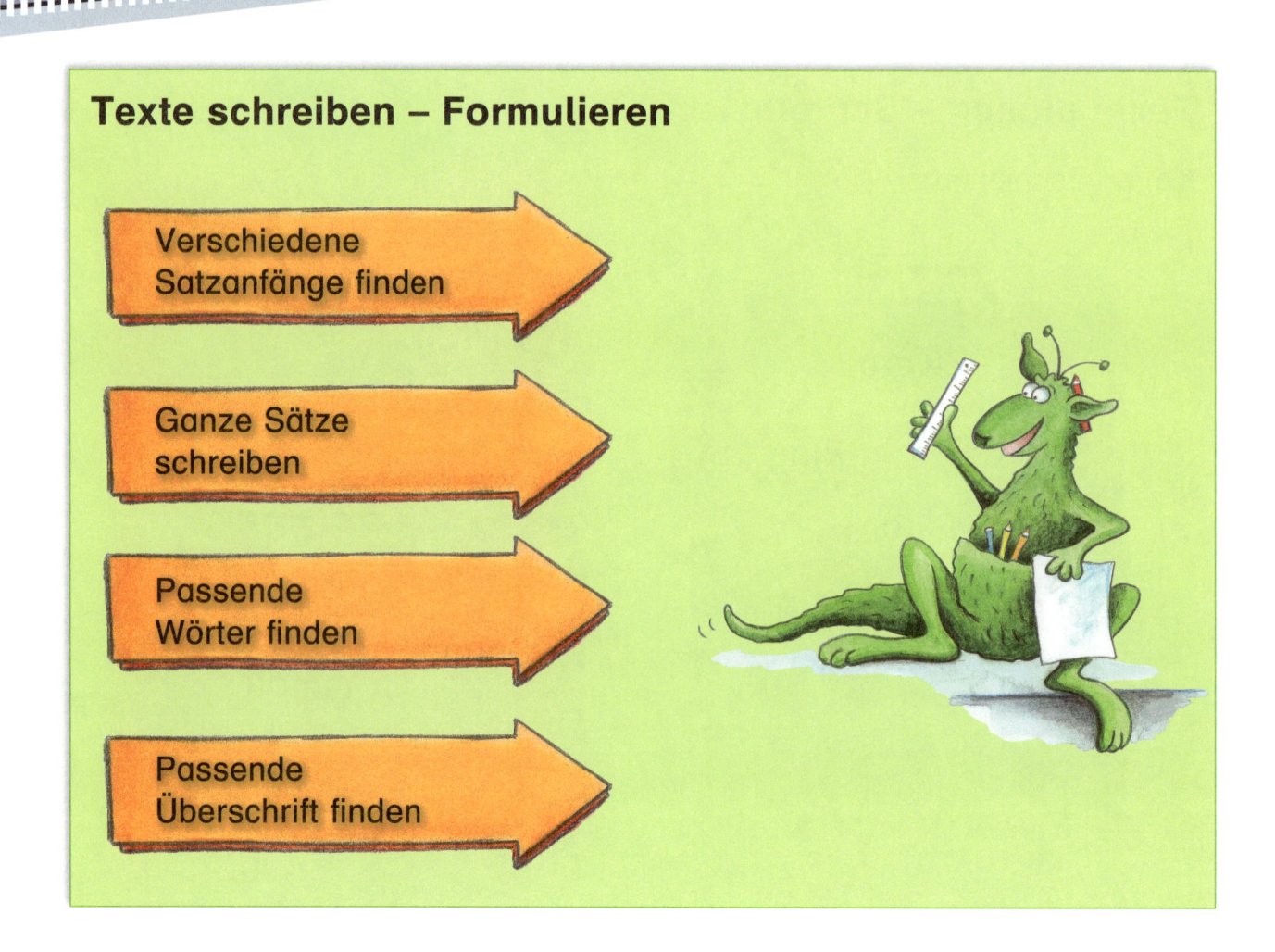

- Verschiedene Satzanfänge finden
- Ganze Sätze schreiben
- Passende Wörter finden
- Passende Überschrift finden

Texte überarbeiten

Leseversammlung

Texte präsentieren

Wenn du mit deinem Text
zufrieden bist,
kannst du ihn veröffentlichen.

Schreibe ihn
- mit dem Computer,
- auf ein Schmuckblatt,
- in dein Geschichtenheft.

Du kannst den Text auch
- vorlesen oder
- auf ein Plakat schreiben und vorstellen.

Richtig schreiben

Wie schreibe ich ab?

Ich
- lese genau.
- verdecke die Wörter.
- schreibe und spreche dabei genau mit.
- kontrolliere und verbessere.

Schleichdiktat

Ich
- lege meinen Text an eine entfernte Stelle im Klassenraum.
- lese die ersten Wörter und merke sie mir.
- schleiche an meinen Platz, schreibe und spreche leise mit.
- schreibe so den ganzen Text.
- hole mir den Text und kontrolliere jedes Wort.
- verbessere meine Fehler.

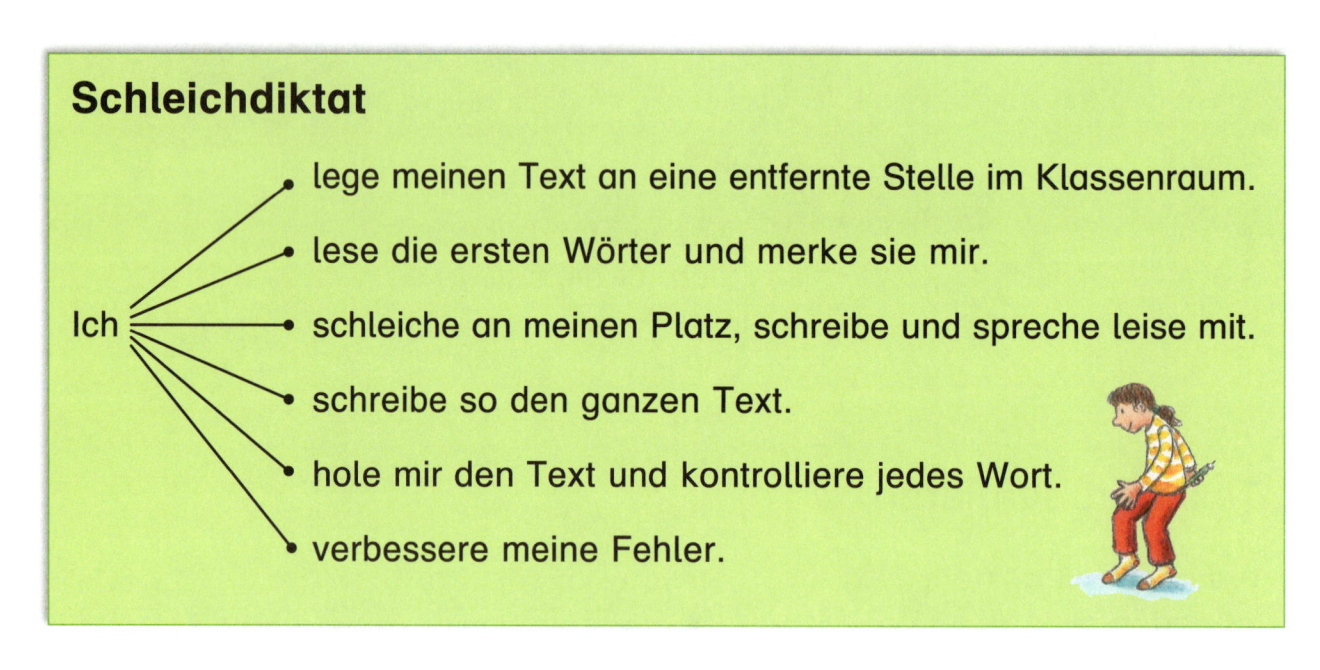

Dosendiktat

Ich
- schneide die Textstreifen aus.
- lese den ersten Streifen genau.
- stecke den Streifen in die Dose.
- schreibe den Text auf und spreche leise mit.
- wiederhole es mit allen Streifen.
- kontrolliere mit dem Text aus der Dose und verbessere meine Fehler.

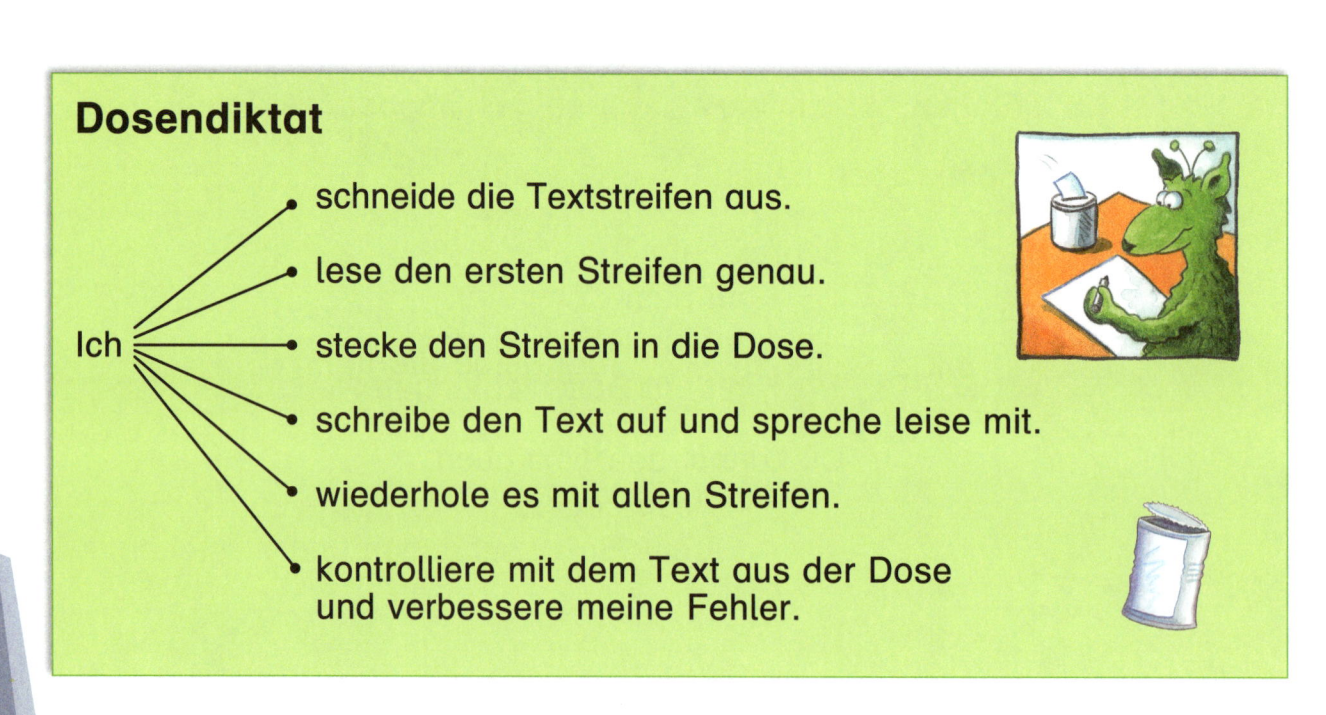

Richtig schreiben

Partnerdiktat

- Lest beide den Text gut durch.
- Sprecht über schwierige Wörter.
- Ein Kind diktiert, das andere schreibt und spricht leise mit.
- Bei einem Fehler ruft ihr „Stopp!"
- Sprecht über den Fehler und verbessert ihn.
- Danach wird gewechselt.

Rechtschreibgespräch

- Lies den Text.
- Suche die schwierigen Wörter.
- Suche dir ein Partnerkind.
- Vergleicht eure schwierigen Wörter.
- Findet Erklärungen, warum die Wörter so geschrieben werden.
- Die Sterne können euch helfen.

Hund schreibt man mit *d*, weil ...

Genau! Das ist der gelbe Stern!

Wörter nachschlagen

In einer Wörterliste oder einem Wörterbuch
sollst du Wörter rasch finden.
Deshalb sind die Wörter nach dem Abc sortiert.

T

die **Tafel**, die Tafeln
die **Tasche**, die Taschen
die **Tasse**, die Tassen
die **Tatze**, die Tatzen
das **Taxi**, die Taxis

Wenn du ein Wort nicht finden kannst, überlege,
ob es einen anderen Anfangsbuchstaben
haben könnte.
Ich höre: fiele — ich schreibe: viele

Nomen findest du in der Einzahl.
Verben findest du in der Grundform
(wir-Form).

das **Versteck**, die Verstecke
verwandeln, sie verwandelt
viel
viele
vielleicht

Wenn der 1. Buchstabe gleich ist,
schaue dir den nächsten
Buchstaben an.

E

das **Ei**, die Eier
das **Eis**
der **Elefant**, die Elefanten

Damit du ein Wort in der Wörterliste schneller findest,
überlege vorher, ob der Anfangsbuchstabe
im Abc vorne, in der Mitte oder hinten steht.

vorne	Mitte	hinten
ABCDEFGHI	JKLMNOPQR	STUVWXYZ

Fachbegriffe

Adjektiv (Wiewort)
Wörter wie **grün**, **schnell** und **toll** heißen Adjektive.
Mit Adjektiven kann man genauer sagen, wie jemand oder
etwas ist (oder aussieht).
Adjektive kann man verändern.
Kari ist grün.
das schnelle Ufo

Alphabet
Das Alphabet (Abc) hat 26 Buchstaben:
A B C D E F G H I J K L M N O P Q R S T U V W X Y Z
A, E, I, O und U sind Selbstlaute (Vokale).

Artikel
Jedes Nomen hat einen passenden Begleiter. Man nennt ihn Artikel.
Es gibt bestimmte Artikel und unbestimmte Artikel.
bestimmte Artikel: der, die, das
unbestimmte Artikel: ein, eine
der Hund — **ein** Hund, **das** Kind — **ein** Kind, **die** Schule — **eine** Schule

Endungen
Nomen, Verben und Adjektive kann man verändern.
Der Wortstamm bleibt meist gleich.
Was beim Verändern hinzugefügt wird, nennt man Endung.
Endungen sind nachgestellte Wortbausteine.
Ufo, Ufo**s**
wir flieg**en**, sie flieg**t**
groß — das groß**e** Weltall

Grundform (wir-Form)
Die Grundform von Verben ist meist wie die wir-Form.
Im Wörterbuch stehen Verben in der Grundform.
wir schwingen — schwingen

Mitlaut (Konsonant)
Alle Buchstaben im Alphabet, die keine Selbstlaute (Vokale) sind,
heißen Mitlaute (Konsonanten).

Nomen (Substantiv, Namenwort) A a
Wörter für Menschen, Tiere, Pflanzen und Dinge heißen Nomen.
Nomen schreibe ich groß.
Schule, Kind, Hund, ...

Die meisten Nomen gibt es in der Einzahl (Singular)
und in der Mehrzahl (Plural).
die **Schulen** − die **Schule**, das **Kind** − die **Kinder**, der **Hund** − die **Hunde**

Nomen kann man zusammensetzen.
Mit zusammengesetzten Nomen kann man genauer beschreiben.
Regen + Bogen → Regen**b**ogen

Satz
Aus Wörtern kann man Sätze bilden.
Satzanfänge schreibt man groß.
Am Ende des Satzes steht ein Satzschlusszeichen.
Am Ende eines Aussagesatzes steht ein Punkt.
Robert hat einen Computer.

Am Ende eines Fragesatzes steht ein Fragezeichen.
Wo bist du?
Gehst du in den Zoo?

Am Ende eines Aufforderungssatzes oder nach Ausrufen
steht ein Ausrufezeichen.
Lass das! Hilfe!

Selbstlaut (Vokal)
a, **e**, **i**, **o** und **u** sind Selbstlaute (Vokale).

Silben

Wörter kann man in Silben einteilen.
Ein Wort kann aus einer oder mehreren Silben bestehen.
Jede Silbe hat mindestens einen Selbstlaut (Vokal).

Umlaute

ö, **ü** und **ä** heißen Umlaute. Auch Umlaute sind Selbstlaute.

Verb (Tuwort, Tunwort)

Wörter wie **rennen**, **spielen**, **lesen** heißen Verben.
Verben sagen, was jemand tut oder was geschieht.

Verben verändern sich im Satz.
Es kommt darauf an, wer etwas tut.
Ich lache. – Du lachst. Er/Sie/Es lacht. Wir lachen.

Die **Grundform** von Verben ist meist wie die wir-Form.
Im Wörterbuch stehen Verben in der Grundform.
wir schwingen – schwingen

Vorsilben

Vorsilben sind vorangestellte Wortbausteine.
Sie verändern die Bedeutung von Wörtern.

fliegen: **weg**fliegen, **mit**fliegen, **ab**fliegen

Wortbausteine

Wörter sind aus Wortbausteinen zusammengesetzt.
Wortbausteine können die Bedeutung von Wörtern verändern.

Wortfamilien

Wörter einer Wortfamilie haben einen gemeinsamen Wortstamm.
Der Wortstamm ist der Teil des Wortes, der gleich oder
ähnlich geschrieben wird.
lesen, Lesebuch, vorlesen, Leserin

Wortfeld

Wörter mit ähnlicher Bedeutung bilden ein Wortfeld.
gehen: rennen, laufen, schleichen, wandern, ...

Wortstamm

Wörter, die denselben Wortstamm haben, gehören zu einer Wortfamilie.
Der Wortstamm ist der Teil des Wortes, der gleich oder
ähnlich geschrieben wird.

geh Gehweg, gehen, ...

Zwielaute

ai, **au**, **ei** und **eu** und **äu** sind Zwielaute.
Sie bestehen aus zwei Selbstlauten.

KARIBU Lerninhalte

Kapitel	Mündlicher Sprachgebrauch	Schriftlicher Sprachgebrauch	Rechtschreiben Arbeitstechniken	Sprache untersuchen
Tafelschwamm und Pausenspiel	von eigenen Erlebnissen erzählen; Bilder beschreiben; Dialog lesen; Gesprächs-/Klassenregeln formulieren; sich über soziales Miteinander verständigen; Gefühle anderer verstehen; Konflikte regeln; über eigene Gefühle sprechen; Abc-Rap vortragen	Feriengeschichten schreiben; Regeln formulieren und aufschreiben; Regeln als Plakat gestalten	in jeder Silbe ist ein Vokal; Wörter mit ie; Wörter mit -en, -el und -e im Auslaut; Wörter nach dem Abc sortieren; Wörter in der Wörterliste nachschlagen und aufschreiben *AT: Arbeit mit der Wörterliste; Abschreiben als Methode*	Laut-Buchstabe Beziehungen vertiefen; Reime; Abc als Ordnungssystem kennenlernen; Vokale und Konsonanten unterscheiden und benennen; Silbenübungen
Gemüsebeißer und Sportskanonen	zu Bildern erzählen; Bilder beschreiben; über Vorlieben berichten; über sich erzählen	Rezept schreiben und ausprobieren; Einkaufsliste schreiben; Sätze schreiben	mitsprechbare Konsonantenhäufungen; Wiederholung: Wörter mit ie *AT: Dosendiktat*	Silbenbögen; Silben zusammensetzen; Großschreibung von Nomen; Nomen als Wortart kennenlernen; bestimmter Artikel (Begleiter)
Wetterfrösche und Waldläufer	Reihum-Geschichten erzählen; Gedichte vortragen	Geschichte weiter schreiben; mit Sprache experimentieren Gedicht gestalten; ein eigenes Gedicht (Sprechtakulum) schreiben	Doppelkonsonanten (Nomen); verlängern: Auslautverhärtung bei Nomen *AT: Partnerdiktat*	Einzahl, Mehrzahl bei Nomen; zusammengesetzte Nomen
Bastelspaß und Technikwunder	Dialog lesen; rollenbezogene Aufgabenverteilung hinterfragen und demokratische Verhaltensweisen einüben; mit anderen über ein Thema sprechen; eine eigene Meinung äußern und begründen; Gedicht auswendig lernen und vortragen	Vorlieben aufschreiben und präsentieren; Tabellen lesen und beschriften; aus Stichwörtern vollständige Sätze bilden; Vorgangsbeschreibung schreiben (Bastelanleitung); Texte überarbeiten (Satzanfänge); Sätze ergänzen	verlängern: Wörter mit Doppelkonsonanten am Wortende und Inlautverhärtung *in jedem Kapitel: Rechtschreibseite zur Festigung der Strategien und zur Erarbeitung der Häufigkeitswörter*	Verben als Wortart; Silben zusammensetzen; Verben konjugieren; Personalformen zuordnen; Wortbausteine (Stamm und Endungen bei Verben); Pronomen; Wortarten unterscheiden
Familienbande und Freundschaftswege	Gefühle erkennen und spielen (Mimik, Gestik, Artikulation); Gefühle ausdrücken; zu Gedichten erzählen; einfache Spielszenen umsetzen (Entschuldigung „sagen"); Unterschied gesprochene und geschriebene Sprache; von eigenen Erfahrungen berichten; Witz lesen und spielen	über Gefühle schreiben; Entschuldigungsbrief mithilfe eines Musters schreiben; Reimwörter schreiben; Witze aufschreiben und eine Witzsammlung erstellen	Wörter mit silbentrennendem h (Verben); verlängern: Wörter mit ck und tz	Punkt oder Fragezeichen am Satzende; Großschreibung am Satzanfang; Fragewörter (W-Fragen); Wortfamilien; Wortbausteine (Vorsilben)

KARIBU Lerninhalte

Kapitel	Mündlicher Sprachgebrauch	Schriftlicher Sprachgebrauch	Rechtschreiben Arbeitstechniken	Sprache untersuchen
Traumzeit und Abenteuerhelden	eigene Wunschträume erzählen; Bilder beschreiben und dazu erzählen; Märchenfiguren beschreiben	eigene Wunschträume aufschreiben; Sätze schreiben; eine Hexengeschichte schreiben; Ideenblitze sammeln und eine Geschichte zu einem Bild schreiben; eine Geschichte sortieren und aufschreiben; eine Überschrift finden	Wörter mit β; Wörter mit st und sp	Satzteile zusammensetzen; Adjektive als Wortart kennenlernen; Gegensatzpaare bei Adjektiven; Funktion von Adjektiven kennenlernen (Stellung vor Nomen); Wortfamilie (SPIEL); Wiederholung: Verben konjugieren
Wüstenschiff und Wollmilchsau	über Haustiere erzählen; Informationsquellen beschreiben (Sachbücher, Internet, Lexika); Rätselfragen (-texte) formulieren/ vorstellen	über ein Tier schreiben; Oberbegriffe kennenlernen; ein Plakat gestalten: Informationen suchen (Sachbücher, Internet, Lexika) und verschriften; Reimwörter schreiben; ein Tierrätsel schreiben	ableiten: Wörter mit ä und äu; Schreibung von Wörtern überprüfen Wiederholung: Wörter mit ie	Wortart: Nomen, Verb, Adjektiv, zusammengesetzte Nomen mit Artikeln; bestimmter und unbestimmter Artikel; Funktion von Adjektiven Wiederholung: Verben (regelmäßige und unregelmäßige) konjugieren
Lesemops und Bücherwurm	über Lesegewohnheiten sprechen; Sachbücher als Genre kennenlernen und von anderen Büchern erzählen; mit Bildern erzählen; das Ende einer Geschichte erfinden, erzählen und nachspielen	eine Fantasiegeschichte schreiben; eine Überschrift finden; einen Text überarbeiten; Minimalpaare verschriften; einen Brief korrigieren und abschreiben; einen eigenen Brief schreiben	Wörter mit ch; Schreibung von Wörtern überprüfen AT: Wörter nach dem zweiten Buchstaben sortieren	Wortfamilie (BUCH und KAUF); Wortfamilie als Begriff kennenlernen; Wortgrenzen markieren; Vorsilben einsetzen
Freizeitspaß und Zeitvertreib	Bilder beschreiben; über Jahreszeiten sprechen; verstehend zuhören und Fehler entdecken; Spiele beschreiben	Bilder beschreiben; Informationen entnehmen und in eine Tabelle übertragen; Monate, Wochentage und Tageszeiten schreiben	Wiederholung: verlängern bei Auslautverhärtung und Inlautverhärtung mit: d/t, b/p, g/k, s/z	Sätze verlängern; Präpositionen (propädeutisch)
Computermäuse und Netzhühner	Medien unterscheiden und beschreiben; Lieblingssendungen und Fernsehnutzung; Computerbegriffe (Fachbegriffe)	Fernsehsendungen beschreiben; Texte am Computer schreiben und gestalten (E-Mail); Fachbegriffe schreiben	Wörter mit nk; Wörter mit ng Wiederholung: verlängern: Inlautverhärtung bei Verben	Satzzeichen (Punkt, Ausrufezeichen, Fragezeichen); Satzarten
Weltenbummler und Reiseabenteurer	Rollenspiel (Begrüßung in anderen Sprachen); andere Sprachen (Gemeinsamkeiten und Unterschiede); Zungenbrecher auswendig lernen und vortragen	Gedichte schreiben (Avenidas, Elfchen); Wörter sammeln (Texte planen); Reizwortgeschichte schreiben; Postkarte schreiben; Adressen schreiben	Wörter mit st/sp; Wörter mit pf; Wörter mit v; Wörter mit qu	Wortbausteine; Wortarten unterscheiden